Cómo salir del hoyo
Estrategias para superar la CRISIS

Mario Borghino es director general de la empresa Borghino Consultores, especializada en alta dirección. Se ha desempeñado como consultor de negocios y empresas durante más de 30 años, elaborando procesos de transformación, planeación estratégica y liderazgo para las compañías más importantes en México, Centroamérica, Sudamérica y España.

Realizó estudios en Relaciones Industriales y tiene una maestría en Desarrollo Organizacional y un posgrado en Alta Dirección y Mercadotecnia Integral.

Es un destacado conferencista en temas de liderazgo, dirección de empresas y cambio organizacional. Escribe en varias revistas de negocios y colabora en el programa *Mundo Ejecutivo*, del canal 4 de Televisa.

En el sello Grijalbo ha publicado los siguientes libros: *Innovar o morir*, *El arte de dirigir*, *Cómo hacer de tu hijo un líder* y *El arte de hacer dinero*.

Mario Borghino

Cómo salir del hoyo
Estrategias para superar la CRISIS

Grijalbo

Cómo salir del hoyo
Estrategias para superar la CRISIS

Primera edición: febrero, 2009
Primera reimpresión: abril, 2009
Segunda reimpresión: julio, 2009

Ilustraciones de: Hugo Leyva

D. R. © 2009, Mario Borghino

D. R. © 2009, derechos de edición mundiales en lengua castellana:
    Random House Mondadori, S. A. de C. V.
    Homero 544, Col. Chapultepec Morales,
    Del. Miguel Hidalgo, 11570, México, DF

www.rhmx.com.mx

Comentarios sobre la edición y contenido de este libro a:
literaria@rhmx.com.mx

Queda rigurosamente prohibida, sin autorización escrita de los titulares del *copyright*, bajo las sanciones establecidas por las leyes, la reproducción total o parcial de esta obra por cualquier medio o procedimiento, comprendidos la reprografía, el tratamiento informático, así como la distribución de ejemplares de la misma mediante alquiler o préstamo público.

ISBN 978-670-429-231-2

Impreso en México / *Printed in Mexico*

Para los pioneros del nuevo mundo:
Rodrigo, Carlos, Alan

ÍNDICE

Introducción   **11**

CAPÍTULO 1
¿Qué nos pasó?   **13**

CAPÍTULO 2
¿Dónde está México con la crisis?   **33**

CAPÍTULO 3
Tácticas para manejar la crisis   **57**

CAPÍTULO 4
Chateando con 41 emprendedores y empresarios
en época de crisis   **83**

CAPÍTULO 5
Consejos para su economía personal en la crisis   **123**

CAPÍTULO 6
Para reflexionar   **143**

CRISIS

El ideograma chino para "crisis" significa:
AMENAZA Y OPORTUNIDAD

Introducción

Decidí escribir este libro porque en mis 32 años como consultor y asesor de empresas me corresponde ayudar más que nunca a las personas que durante mucho tiempo han seguido mis conferencias y han disfrutado mis otras obras.

Vivimos la más severa recesión financiera que hayamos padecido en los últimos tiempos, sin duda mayor que la de la década de 1930.

El mundo ha perdido en 2008 con sus derivados* un trillón de dólares que se desvanecieron del mercado financiero. Ha sido un apalancamiento de los bancos en fondos y en Private Equity como jamás se haya visto en la historia, que detonó en un mercado del exceso en los propios bancos, en las empresas y en los consumidores, con dinero fácil, crecimientos rápidos y líneas de crédito muy accesibles.

Queda claro que tal crisis marca un cambio de la era del dólar y del sistema capitalista. Nos ha tocado vivir la *perestroika* financiera.

A partir de hoy se verá un cambio sustancial del modelo capitalista basado en el endeudamiento que cambiará para siempre el sistema financiero del mundo.

---

* Véase capítulo 2, pp. 38-40.

En adelante se vivirá la era posterior a un *crash* financiero jamás experimentado en la Tierra.

En ese orden de ideas, me corresponde apoyar a los emprendedores en la comprensión de los conceptos básicos de esta crisis que vivimos y explicar por qué sucedió; asimismo, entender cómo se encuentran las finanzas de México, qué va a pasar y hacia dónde se podrá ir como nación en los próximos años.

Por lo anterior, doy consejos para que pequeños y medianos empresarios tomen decisiones que les permitan crecer y no entrar en pánico o sobredimensionar la incertidumbre.

El lector conocerá las medidas que debe tomar para administrar su economía personal y actuar preventivamente ante la crisis que se avecina para 2009-2010. Así, encontrará 41 consejos que propongo a emprendedores y empresarios, cuyos ingresos son afectados por la crisis financiera y la contracción del mercado. Además, tendrá a su disposición 27 tácticas para aplicar mañana en su negocio.

De esa forma espero contribuir con información suficiente que aclare su toma de decisiones y le permita diseñar estrategias competitivas para un mercado en crisis.

Las oportunidades son enormes si sabemos leer en el ojo del huracán las ocasiones de negocio que existen en la incertidumbre.

Este cambio que viviremos no será peor o mejor que los anteriores, sino sencillamente distinto.

CAPÍTULO 1

¿Qué nos pasó?

Aquí se explica cómo esta nueva crisis nos llega por contagio. La desató el gigantesco problema de los créditos inmobiliarios, que se aborda con detalle. Detrás de la crisis están las pésimas decisiones y la irresponsabilidad de quienes manejan la economía mundial.

Los principales hechos de esta crisis van del mes de febrero de 2007 al mes de octubre de 2008. Sus protagonistas fueron los ninjas (beneficiarios de los créditos hipotecarios de alto riesgo) y los ávidos banqueros, todos ellos estadounidenses. Y como el mundo está globalizado los banqueros embarcaron a sus colegas europeos y a muchos más, incluso de México.

Todo el teatro se vino abajo cuando el alto riesgo de los ninjas fue real: dejaron de pagar.

El capítulo termina con la decisión del gobierno norteamericano de rescatar este caos financiero, el mayor de la historia.

Las crisis son oportunidades de cambio.

Enfermedades del vecino

La pregunta que todos nos hacemos es: ¿cómo llegó el mundo a este profundo deterioro? Durante años, en Latinoamérica nos hemos acostumbrado a vivir debacles económicos cíclicos, como en México el Fobaproa y su efecto Tequila, o el efecto Tango que produjo la crisis argentina. En los últimos 25 años, América Latina no ha visto el tan anhelado crecimiento (se han logrado desarrollos de 1 o 2%, ¡en 25 años!), mientras que China, con su gente disciplinada y bien ordenada, ha crecido a tasas mayores de 10% en menos de 10 años, lo que nunca ha soñado político alguno. Evidencia de ello es que en los últimos ocho años la mayoría de los pueblos latinoamericanos ha volteado la mirada hacia los partidos de izquierda como una opción para lograr el tan preciado crecimiento que la democracia no ha conseguido en dos décadas.

Esta nueva crisis que enfrentamos nos llegó como balde de agua fría sin que supiéramos por qué. Las economías latinoamericanas débiles e inestables, como México, navegan con incertidumbre, algunas se encuentran en estado de coma, y la mayoría están aterradas por no saber el tamaño del impacto en 2009. Este mal que padecemos es como el del enfermo a quien le da una gripe por el paciente de la cama contigua del hospital, no por su propia enfermedad. La pregunta será: ¿cómo vamos a combatir el contagio?

Algunos economistas dicen: "No te preguntes si la crisis mundial va a contagiarnos o no; mejor pregúntate de qué quieres enfermarte, porque los grandes del mundo ya tienen un fuerte catarro". Quienes saben del tema indican que la enfermedad mundial no es exclusiva de la burbuja inmobiliaria; si así fuera, el remedio hubiese sido muy fácil. Bajar las tasas nuevamente como lo hizo el ex titular de la Reserva Federal Alan Greenspan en 2001, proteger al pequeño deudor e imponer medidas estrictas y disciplinarias al otorgamiento de líneas de crédito, o conceder renegociaciones más benéficas hubiese sido un buen paliativo. El problema es no sólo el estallido de una burbuja inmobiliaria, sino también que estamos en el peor y más complejo deterioro moral y financiero que se haya suscitado en la historia del mundo desarrollado. Como dijo Alan Greenspan, los *subprimes* no son un inconveniente, el problema es la irresponsabilidad con que se han manejado. La crisis de hoy se ha vuelto compleja por la expansión incontrolada de las líneas de crédito a mano ancha y sin disciplina, además del desequilibro de variables, como el alza incontrolable del petróleo, la debilidad del dólar ante el euro, la inflación en Estados Unidos, su deuda interna, el costo de la guerra en Irak, el precio de los *commodities,* etcétera, hechos que estaban llevando al país mas poderoso de la Tierra a una muerte anunciada.

> Los *subprimes* fueron sólo el principio del huracán financiero

Como dijo Bush (quien finalmente expresó algo bueno esta vez), los banqueros se han emborrachado de otorgar crédito y ganar dinero por montones. Wall Street ha jugado a la ruleta rusa y la bala que estaba en la recamará detonó; con ello, todo el teatro apalancado con nombres bonitos y rimbombantes de los nuevos instrumentos de crédito se les cayó. Y aquí hoy padecemos enfermedades ajenas y navegamos a la deriva; pero como estamos en un sistema financiero globalizado en el que la crisis que comenzó con una burbuja en condominios de Florida provocó una catástrofe en Islandia, Alemania, Inglaterra y México, se necesita una solución global compartida, porque nadie tiene aisladamente el poder económico de resolver este "problemón".

En un mundo globalizado debemos aceptar lo bueno y lo malo de pertenecer a una aldea interconectada. Si a usted le gusta adquirir productos del mundo industrializado a bajo precio, también tiene que aceptar el golpe que se acerca al formar parte de una comunidad financiera mundial. Esto es como en el boxeo: si usted no está bien parado, un golpe bien asestado por su oponente puede mandarlo a la lona. Ahora piense: ¿cómo lo sorprendió esta crisis? ¿Bien parado o... está en la lona?

Secuencia de la crisis

A continuación se presenta un resumen de la secuencia de eventos que se suscitaron en muy corto tiempo. Quizá los nombres de las instituciones en problemas no expliquen mucho, pero es sorprendente el tamaño de las fortunas que se perdieron en horas. Empresas con más de 100 años de existencia (como Lehman Brothers) desaparecieron, se esfumaron, como tocadas por la Guerra de las Galaxias. Vea el lector.

Febrero de 2007: se multiplican las moratorias sobre los créditos hipotecarios de alto riesgo en Estados Unidos llamadas *subprime* y provocan las primeras quiebras de bancos.

Agosto de 2007: las bolsas caen frente a los riesgos de contagio de la crisis. Los bancos centrales, entre ellos la Reserva Federal Estadounidense (Fed) y el Banco Central Europeo (bce), intervienen para otorgar liquidez a los mercados.

Octubre/diciembre de 2007: varios grandes bancos anuncian importantes depreciaciones de sus activos por la crisis *subprime* (créditos de alto riesgo).

22 de enero de 2008: la Fed baja su tasa 3.5% y la amplitud del recorte es excepcional. Luego la baja a 2% entre enero y fines de abril.

17 de febrero de 2008: el gobierno británico nacionaliza el banco Northern Rock.

16 de marzo de 2008: el gigante estadounidense JP Morgan adquiere el banco de inversiones Bear Stearns por la suma irrisoria de 236 millones de dólares, con ayuda de la Fed. El precio de compra será multiplicado por cinco una semana más tarde.

7 de septiembre de 2008: el Tesoro estadounidense coloca bajo custodia a los grupos que se dedican a la refinanciación hipotecaria Freddie Mac y Fannie Mae, y ofrece garantizar su deuda hasta por 200 000 millones de dólares.

15 de septiembre de 2008: el banco de inversión estadounidense Lehman Brothers se declara en bancarrota y produce un efecto dominó entre otras instituciones que se encuentran entre la quiebra y el rescate. Su rival Merrill Lynch es vendido de urgencia al Bank of America por 50 000 millones de dólares.

Las medidas no impiden una fuerte caída de las bolsas mundiales.

16 de septiembre de 2008: la Fed y el gobierno estadounidense nacionalizan al grupo de seguros American International

> Los créditos de alto riesgo (*subprime*) produjeron esta severa crisis mundial… Su altísimo riesgo se hizo realidad

Group (AIG), amenazado de quiebra, y le otorga un crédito de 85 000 millones de dólares a cambio de 79.9% de su capital.

17 de septiembre de 2008: las bolsas mundiales siguen cayendo y el crédito se agota en el sistema financiero.

18 de septiembre de 2008: el banco británico Lloyd TSB compra a su rival HBOS, amenazado de quiebra. Las autoridades estadounidenses anuncian que prepararán un plan de 700 000 millones de dólares para absorber los activos "tóxicos" de los bancos.

23 de septiembre de 2008: los debates de la asamblea general de las Naciones Unidas en Nueva York son dominados por la crisis financiera. Los mercados están cada vez más inquietos por los retrasos en la aprobación del rescate estadounidense propuesta por Henry Paulson, secretario del Tesoro.

26 de septiembre de 2008: el precio de la acción del grupo de banca y seguros belgo-holandés Fortis se hunde ante dudas sobre su solvencia. En Estados Unidos, JP Morgan asume el control de su rival Washington Mutual con la ayuda de las autoridades federales.

28 de septiembre de 2008: Fortis es nacionalizado parcialmente por los gobiernos de Bélgica, Holanda y Luxemburgo. En Gran Bretaña, el banco Bradford and Bingley es nacionalizado.

29 de septiembre de 2008: el banco estadounidense Citigroup toma el control de su competidor Wachovia. Las bolsas mundiales se hunden y la Cámara de Representantes estadounidense rechaza el plan de rescate.

30 de septiembre de 2008: el banco franco-belga Dexia es nacionalizado parcialmente por ambos gobiernos. Una segunda versión del plan de rescate estadounidense comienza a ser debatida.

1 de octubre de 2008: se adopta la segunda versión del plan de rescate en el Senado estadounidense. Las cuatro mayores economías europeas (Alemania, Gran Bretaña, Francia e Italia) tratan de ponerse de acuerdo acerca de cómo frenar la propagación de la crisis en Europa.

El resto de la historia es lo que hoy estamos viviendo. La derrama de los millones de dólares fue tan grande que ahora se sufren las consecuencias de la resaca de tanto elixir financiero que hizo acumular fortunas nunca antes vistas. El futuro será muy diferente a partir de este gran desorden mundial.

Breve historia de la caída del imperio

A finales de la década de 1990, en Estados Unidos la burbuja de las compañías de internet, las famosas dot-com, explotó y se cayó por el valor ficticio que tenían dichas empresas. Si a ello se suma el ataque terrorista del 11 de septiembre de 2001, la crisis tocó fondo y le tomó casi siete años a la bolsa estadounidense recuperarse de una caída de 34% del valor de las acciones.

Ante esa realidad, la Reserva Federal, dirigida en aquel momento por Alan Greenspan, decidió bajar el precio del dinero de 6.5 a 1 por ciento.

En la actualidad Greenspan recibe constantemente duras críticas por ser considerado el gestor de la crisis. Sus críticos lo acusan por haber dejado las tasas de interés demasiado bajas al principio de la década, lo que impulsó un insostenible auge inmobiliario, cuando pudo haber ejercido el derecho que le confiere la Reserva de imponer mayores regulaciones a las hipotecas y no permitir el libertinaje.

Sin embargo, en 2004 el presidente Bush, cuando hacía sus discursos de campaña para ser reelecto, arengaba que todo estadounidense debería tener una casa. Si se añade a esto (como se dijo en líneas anteriores) el acto terrorista del 11 de septiembre, obtenemos

> En 2004 Bush buscó la reelección ofreciendo casa propia a todos sus votantes, luego Greenspan bajó las tasas de interés y...

el detonador para que Alan Greenspan, con el afán de reactivar la economía estadounidense, decidiera reducir las tasas a ¡1%!, benevolencia financiera que inicia el despegue del *boom* inmobiliario. Este empuje financiero logró en 10 años que el precio de las viviendas se duplicara en Estados Unidos. En México esto motivó a las grandes empresas a solicitar créditos baratos para expandirse, como Cemex, Gruma, Comercial Mexicana, Mexichen, Vitro, Grupo Industrial Saltillo y muchas más que crecieron aceleradamente gracias al dinero barato del mundo.

El problema fueron los ninja

Dada esta realidad, el ciudadano común estadounidense que había probado años antes jugar a la compra y venta especulativa en la bolsa de valores sin saber nada de ello, con lo cual perdió hasta la camiseta, se encuentra ante otra perspectiva. Cuando muchos estadounidenses perdieron al invertir en empresas de internet, al ver una oportunidad en el dinero barato, optaron por abandonar la bolsa y centrarse en la compra de casas. Muchos estadounidenses solían decir que en la bolsa el dinero desaparece instantáneamente: "Al invertir en una casa, por lo menos el inmueble no se nos va, sino que ahí se queda". Con esa idea en mente, comenzaron a comprar y se generó una demanda inusitada de créditos hipotecarios. Los bancos se enfrentaron al dilema de que los préstamos eran muchos pero dejaban muy poca rentabilidad por las bajas tasas.

Esa preocupación por tener mayor rentabilidad desató una espiral de creatividad de los inteligentes banqueros en Estados Unidos, quienes comenzaron a hacer lo siguiente:

1. Dar préstamos más arriesgados sin mucho respaldo. Por esos créditos, los banqueros cobraban más intereses, ¡por supuesto! Aun así, era muy atractivo para el que necesitaba dinero.
2. Al asumir más riesgo, los banqueros lograron aumentar la cantidad de créditos. Consiguieron uno de los beneficios de la economía de escala, al otorgar cientos de miles de nuevos préstamos a más clientes con menores ingresos, quienes estaban muy interesados en tener dinero barato y mejorar su estándar de vida. Así comienza la burbuja a crecer.
3. Los bancos bajaron sus exigencias y comenzaron a ofrecer préstamos hipotecarios a un nuevo tipo de clientes con menores ingresos llamados los ninja, que significa *No Income, No Job, No Assets*, en el lenguaje de los banqueros, o sea, personas sin mucho ingreso, SIN UN empleo fijo y SIN garantías reales. Fácil, ¿no? ¿Le suena familiar? Los banqueros decían: "Usted pida, aquí vemos cómo le resolvemos el problema, pero usted se lleva dinero barato".

Lo bueno para el banquero estadounidense era que al pobre ninja le cobraban más intereses, ya que asumían mayor riesgo, pero ¿qué importaba si el ninja nunca había sido susceptible de grandes préstamos hasta ese momento y ahora sí podía?

Con ello creció la bola de nieve o burbuja inmobiliaria. Lo que comenzó en Estados Unidos migró luego a países europeos e incluso a México. En nuestro país se desarrollaron como nunca inmobiliarias y empresas constructoras. Desconocidos emprendedores con mucha iniciativa empezaron a relucir; también nacieron negocios financieros que, conformados por varios amigos con afán de obtener más dinero por su capital, optaron por hacer préstamos a empresarios para iniciar proyectos. Todos ellos lograron acumular en México mucho dinero en estos últimos años.

4. Con la actitud positiva que caracteriza a los estadounidenses, decidieron conceder créditos hipotecarios por un valor superior al valor de la casa que compraba el ninja. De acuerdo con las tendencias de incremento de los precios del mercado en ese momento, los banqueros hacían la cuenta y podían predecir que en pocos meses la casa valdría más que la cantidad que le habían prestado; además, como la economía estadounidense se hallaba en auge, el deudor hoy insolvente seguramente podría encontrar un nuevo trabajo a la vuelta de la esquina y pagar la deuda sin problemas. Todo

parecía de maravilla; la ecuación no podía fallar: era un mundo ideal.
5. A este tipo de hipotecas de mayor riesgo las nombraron *subprime*; a su vez, se llamaban hipotecas *prime* cuando el banquero se sentía seguro de que el deudor iba a pagar.

Todo ese escenario funcionó bien durante 10 años. En todo este tiempo, los ninja iban pagando los plazos de la hipoteca; además, como les daban más dinero del que valía su nueva propiedad, en cuanto recibían el crédito corrían  a comprar un auto nuevo, estrenaban una televisión de plasma, remodelaban su segunda casa o se iban de vacaciones con la familia y el perro, todo ello pagando unas muy cómodas cuotas del dinero que les había sobrado del préstamo recibido del banco, gracias a una casita de bajo perfil que habían puesto como garantía. La danza del crédito sabía a gloria y a un consumismo muy fácil de pagar. Todas las personas podían pedir prestado para cualquier propósito; un ciudadano estadounidense podía ostentar 13 tarjetas de crédito. En suma, el pueblo norteamericano consumió mucho más de lo que producía y el resto que necesitaba lo pedía prestado.

¿Cómo contrajeron la enfermedad los bancos?

Los bancos estadounidenses vieron que el mercado seguía demandando préstamos y más prestamos. Entonces se les ocurrió recurrir a otros bancos para que les prestaran dinero porque el de ellos se había acabado con tanto cliente. ¡Qué maravilla! Los banqueros estadounidenses se sentían triunfadores y motivados porque los clientes hacían fila para pedir dinero barato. Clientes sobraban, había miles que ansiaban el 1% de Alan Greenspan.

La solución fue muy fácil: llamaron por teléfono a otros bancos que hay en otras latitudes del mundo para que les prestaran dinero, los cuales estaban encantados de hacerlo. Al fin y al cabo de eso viven, de prestar. ¡Cómo no prestarle a otro banco poderoso estadounidense! ¡Son sólidos! ¡Nunca han fallado! ¡El norteamericano es un tipo confiable! ¡Préstemosle entonces! Y así comenzó el problema.

Esos bancos del mundo comenzaron a prestar dinero a los estadounidenses de sus ahorristas locales, ya sean empleados, obreros o asalariados que depositaban su dinero en cuentas de ahorro, quienes podían ser de Francia, España, Inglaterra u otro disciplinado y conservador país europeo. Gracias a la tecnología, ese dinero estaba en la tarde inmediatamente en Nueva York en el banco que el cliente pedía. Con ello, los estadounidenses podían prestar a otro pobre asalariado ninja que solicitaba dinero para comprar una casa en su pueblito en Georgia o para gastarlo en un viaje con toda su familia.

Como el lector se imaginará, el ninja del pueblito de Georgia no sabía que el dinero que le prestaron provenía de algún banco del viejo continente y menos aún sabían los asalariados y obreros europeos que su dinero estaba corriendo riesgo en otro continente. Nunca hubieran podido pensar que su banco de Frankfurt fuera irresponsable con el dinero que ganaban de su trabajo. Han sido instituciones serias y seguras por generaciones. ¿Por qué iban a pensar mal? ¡No había motivos!

¿Cómo lo hicieron?

La pregunta era cómo lograron embarcar a los otros bancos en esta danza de los millones: ¡fácil! A un inteligente financiero se le ocurrió "empaquetar" las hipotecas *prime* y *subprime* en paquetes que se llaman MBS (Mortgage Backed Securities, o sea, Obligaciones Garantizadas por Hipotecas). ¡Qué genio es el tipo!

Es decir, antes tenían 1 000 hipotecas de "créditos que habían otorgado", ahora tienen 10 paquetes de 100 hipotecas cada uno, en los que hay de todo: créditos buenos (*prime*), créditos malos (*subprime*) y seguro alguno que otro muy malo (*toxic waste*). Era una ensalada rusa con aderezo tipo italiano; en pocas palabras, ¡una bomba de tiempo bien presentada!

Para vender estos paquetes, los banqueros contratan los servicios de bancos de inversión que a su vez pueden vender esos MBS a fondos de inversión, sociedades de capital de riesgo, aseguradoras, financieras, sociedades de inversión, etcétera. Como el lector sabrá y si no, le contamos: en un fondo puede entrar a invertir cualquier persona con sólo 5 000 pesos, es decir, todo el micro ahorrista está metido en este embrollo multinacional.

Es más, para que esos paquetes fueran financieramente viables, los MBS eran calificados por las agencias profesionales de *rating*, que determinan el nivel de solvencia y le dicen al cliente si hay riesgo o no. Los evaluaban como AAA, AA, A, BBB, BB, C y D los muy malos. Pero ¿imagina el lector las hordas de miles y miles de paquetes de todo el mundo? El nivel de calificación era como el de La Merced de México cuando el cliente evalúa la calidad de las naranjas en el tráiler: a ojo de buen cubero.

Los banqueros también les daban nombres muy sofisticados, como Investment Grade a las mejores, o Mezzanine a las de mediano riesgo o Equity a las de alto riesgo. Con ello, los bancos de inversión colocaban fácilmente estos MBS a inversionistas que fueran conservadores a intereses bajos. Pero ¿qué hacían con los MBS malos? También los creativos financieros le encontraron la vuelta para venderlos maquillados.

El lector no lo va a creer, pero esas agencias de *raiting* bautizaron a los MBS en un proceso de *¡re-rating!* Algo nunca visto. Esto lo hacen para re-calificar a los malos en menos malos en varios rangos de malos. Como verá el lector, eso era un escándalo. Jugaron a la ruleta rusa, de modo que el riesgo a esta altura era monumental. En resumen, vendían espejitos a precio de oro. El mundo estaba en manos de irresponsables financieros que diseñaron nombres rimbombantes para vender lo que no tenía valor alguno. Alan Greenspan le llamó "irresponsabilidad del manejo de las hipotecas *subprime*".

Ante ello, el ninja seguía en su pueblito de Georgia, disfrutando de su crédito fácil y dulce debajo de la palmera que le permitía comprar un iPhone, salas, comedores, cambiar el carro y mientras… que siga la mata dando.

Para terminar de rematar esta situación, los famosos MBS fueron rebautizados como CDO (Collateralized Debt Obligations, Obligaciones de Deuda Colateralizada). Medio complicado el nombre, pero así le llamaron los maestros de las finanzas, para impresionar.

Como chisme cabe señalar que también inventaron otro instrumento: el Synthetic CDO, que daba ¡aún más rentabilidad!

¿Quién respaldaba todo ese mazacote?

La mayoría de esos instrumentos de inversión, tan riesgosos y tan rentables a la vez, fueron asegurados por empresas de reconocido prestigio y trayectoria. Serios, responsables y muy educados con maestrías y doctorados, con el fin de "proteger al inversionista". Entraron entonces al aro las antiguas y famosas aseguradoras, como AIG (que quebró y la rescataron), las cuales también han perdido hasta la camiseta en este desorden e irresponsabilidad financiera.

El hecho real es que toda la complejidad de las operaciones descritas estaba basada en que los ninjas pagaran sus hipotecas religiosamente mes con mes y que el mercado inmobiliario estadounidense siguiera subiendo como espuma.

El juicio final

LE LLEGÓ LA HORA AL DICHO DE QUE NADA ES GRATIS EN ESTA VIDA

A principios de 2007, los precios de las viviendas en Florida y en la mayoría de la Unión Americana empezaron a bajar.

Los ninjas habían comprado casas con interés variable, ¡ése era un truco muy bueno! Al inicio pagaban muy poco porque los primeros dos o tres años tenían una cuota muy baja en virtud de que les cobraban intereses por debajo del

mercado. Pero después, el ninja que comenzó pagando 1 000 dólares mensuales, tenía que desembolsar 2 500. ¿Cómo iba a pagarlos? Se suponía que después de dos años se le refinanciaba la deuda y, considerando el precio actual de la vivienda con las nuevas tasas, de esa forma el truco de lo barato ahora generaba más ingresos al banco estadounidense y a los bancos prestamistas del mundo por sus comisiones. Entonces, los ninjas se dieron cuenta de que pagaban más de crédito de lo que ahora valía su humilde casa y optaron por no seguir pagando sus hipotecas y perder sus propiedades. La disyuntiva era: pagaban su crédito al banco o comían.

De un día para otro ningún inversionista de esta tierra, con un poco de inteligencia, quiso comprar toda la serie de instrumentos financieros que construyeron irresponsablemente para jalar el dinero del mundo con sus MBS, CDO, CDS y Synthetic CDO, nadie los quería ni regalados. Como por arte de magia, dejaron de tener valor. Se disolvieron como se disuelven en la boca los algodones de azúcar que venden en los parques.

El teatrito se hundió. Los bancos de todo el mundo llamaron a sus proletarios ahorristas para decirles que su dinero se había ido o que habían perdido todos sus intereses. Que el crédito había subido, que su casa ya no valía igual (y cada día valdrá menos si todo sigue la tendencia que hoy se tiene). ¡Qué pillos! En otras épocas en las cuales las sociedades eran reguladas por  valores humanos y no por leyes como las que nos rigen, que nunca fueron diseñadas para situaciones como las que hoy vivimos, los directivos iban a la cárcel por ello. Pero hoy sólo cobran buenas indemnizaciones. Como cuando fue despedido Stan O'Neal, presidente de Merrill Lynch (la empresa perdió 8 400 millones de dólares) y Chuck Prince de Citigroup (que perdió 11 000 millones de dólares).

Hoy los bancos no saben lo que valen, ni saben cuánto vale todo el mazacote de paquetes de créditos que compraron. Ni siquiera saben cuánto pagaron exactamente por cada uno. Nadie lo sabe. Lo que sí se sabe es que la pérdida por hipotecas mal otorgadas alcanza el trillón de dólares en el mundo. La pregunta del año es: ¿dónde está el dinero? ¿Quién lo tiene? No hay duda de que gran parte son documentos que no tienen valor; pero en los próximos años, incluso en los próximos 12 meses, veremos, tanto en México como en otros países, quiénes resultan ganadores e inmunes a la gran pérdida. Ellos serán los que comenzarán la compra de los "heridos de muerte" que dejó la "madre de todas la crisis". Carlos Slim es uno de ellos, quien ha sacado a relucir su chequera al invertir 150 millones de dólares en acciones de la tan

golpeada Citigroup, que habían caído 26% de su valor; también adquirió 18.7 millones de títulos de las tiendas Saks. Ya veremos qué otros ganadores harán lo mismo en los próximos meses. Recuerde: el dinero no se pierde, sólo cambia de manos.

Comienza la desconfianza después de la batalla

Los bancos que ayer eran hermanos de borrachera, de la danza de los millones, hoy no se tienen confianza. Antes los honorables banqueros se adjudicaban la paternidad de sus éxitos, pero hoy son huérfanos, no se conocen, ni saben lo que poseen, si tienen garantías o si son solventes. La resaca está terrible y los altibajos de la bolsa serán diarios. Por ello, los grandes conocedores del dinero del mundo aconsejan que apague la televisión y revise sus acciones hoy mismo, porque después se puede infartar de los nervios.

Como los banqueros perdieron la confianza, hoy se miran de reojo. Cuando necesitan dinero van al mercado interbancario, que es el mercadito de La Merced, donde los bancos se prestan dinero unos a otros. Hoy se portan muy ortodoxos, no se prestan, o se prestan caro con garantías muy confiables. Por tanto, muchos bancos se ven de un día para otro con problemas de liquidez.

Actualmente, para que un banco libere un crédito a un cliente, primero le pide el historial de su abuelo, el acta de defunción y la firma del forense; además, el cliente deja en prenda todo lo que tiene o no le prestan. A los que compraron acciones de bancos no hay santo que los consuele ya que las acciones van en picada.

El consumo ha bajado drásticamente, se generan menos productos, los comercios venden menos y algunos han comenzado a despedir personal. Esto se refleja tanto en el índice de desempleo del país, como en el porcentaje de morosidad de las tarjetas de crédito, que ha aumentado a 9.2%. En México, de 25 millones de tarjetahabientes, 700 000 ya presentan morosidad.

Henry Paulson

La Reserva Federal y el Departamento del Tesoro de Estados Unidos pidieron al Congreso 700 000 millones de dólares para comprar hipotecas, títulos y demás instrumentos basura o, como le llaman, los *toxic waste*.

El secretario del Tesoro de Estados Unidos, Henry Paulson, será el responsable de adjudicar los 700 000 millones disponibles para el rescate a diferentes instituciones, con el fin de recapitalizar y fortalecer el sistema: bancos, financieras, aseguradoras e industria automotriz (principalmente General Motors).

No obstante, se predice que Paulson tendrá que pedir más dinero para lanzar un paquete fiscal adicional en 2009 con el fin de contrarrestar los efectos de la actual recesión (pueden ser otros 700 000 millones de dólares). También tendrá que resolver el problema del endeudamiento que tienen las familias norteamericanas. Además tendrá que comenzar a resolver el déficit externo que no han podido corregir; su déficit fiscal no sólo no va a disminuir (como se requiere en el mediano plazo), sino también tenderá a incrementarse sustancialmente durante 2009.

Como el lector ha observado, el rescate se está ejecutando con mucha cautela. Las decisiones de los próximos seis meses, más las estrategias de los personajes del nuevo gabinete financiero del presidente Obama, darán la pauta del futuro financiero del próximo mundo. Véalos con detenimiento, sígalos con lupa y no los pierda de vista. Sus decisiones determinarán si 2009 será un año crítico o no para México.

Si sabe rezar… hágalo…

CAPÍTULO 2

¿Dónde está México con la crisis?

Se presenta una síntesis muy clara y objetiva sobre dónde está parado México ante la crisis y lo que puede esperarse en 2009. Hay un examen de los siguientes temas: remesas, salarios, turismo, petróleo, sector automotriz, inversión extranjera, exportaciones, devaluación y derivados. También con información de primer orden y valiosas gráficas, se expone el verdadero tamaño de la recesión económica en Estados Unidos y sus efectos directos en la situación mexicana. La conclusión no es halagüeña: dependemos tanto de la economía vecina que nuestra caída seguirá la misma tendencia.

Sin embargo, aunque la crisis es irremediable, a nivel empresarial se abren oportunidades para los más avezados y dinámicos.

> Si te debo un peso, tengo un problema; pero si te debo un millón, el problema es tuyo.
>
> JOHN MAYNARD KEYNES

Para desarrollar este capítulo acudimos al consejo de expertos economistas en la materia. Lo que a continuación se describe son las ideas que el Grupo de Economistas y Asociados (GEA) tiene de la situación actual en México, a través de la entrevista sostenida con Ernesto Cervera Gómez, director general de la firma de gran prestigio en Latinoamérica.*

Los expertos indican que se deben considerar ciertos factores económicos que afectarán el flujo de efectivo en el país durante 2009 y 2010, a saber:

REMESAS

La reducción en las remesas impacta los estratos más bajos del país. Durante 2007 y 2008 experimentamos una baja no muy dramática: en vez de recibir 24 000 millones, recibimos 23 000 millones de dólares. Es probable que esta tendencia aumente, porque las

---

* Para mayor información sobre este tema diríjase a ecg@gea.structura.com.mx

remesas están bajando aproximadamente 2%. Las remesas promedio que se envían a México son de 200 dólares semanales por persona. Es importante aclarar que no habrá un regreso masivo de emigrantes mexicanos, no es cierto que tendremos deportaciones o regresos voluntarios significativos, dado que saben que si vuelven les será muy difícil entrar nuevamente en Estados Unidos.

> La incertidumbre ante la crisis es mayor cuando su mente está atada al pasado

Masa salarial

Es bueno que el empresario considere esta variable para medir el poder adquisitivo que habrá durante 2009. La masa salarial es la multiplicación de cuánta gente trabaja por lo que gana. En años anteriores esa masa salarial había crecido a tasas muy importantes, superiores a 5%, lo que explicaba cierto aumento del poder adquisitivo de la clase media, así como el incremento en la demanda de algunos productos. Sin embargo, en 2008 el crecimiento estuvo por debajo de 1%, actualmente está en 0.1%. La crisis que se vive ha tenido un impacto en el empleo y, naturalmente, muchas empresas han resentido una disminución en sus ventas.

Es muy importante que los empresarios consideren en sus planes de ventas la masa salarial, porque es la que directamente influye en la capacidad de compra de bienes duraderos de la clase media mexicana, como casas, coches y electrodomésticos. Este consumo realmente mueve la economía. La gente puede disminuir algo el consumo de alimentos pero no significativamente; sin embargo, lo que le ha dado la dinámica a nuestro país en los últimos cinco años ha sido la compra de bienes duraderos, que indudablemente bajará.

Turismo

Quizás no haya una disminución muy grande en el número de turistas, pero sí habrá un tipo de turistas con menos capacidad de gasto. Tendremos una caída de 7 u 8%, lo cual afectará sustancialmente a zonas como Cancún, Acapulco o Los Cabos. Una disminución sensible porque equivale a una caída de 20 puntos en ocupación, es decir, en vez de estar a 90 se estará a 70%. Los turistas reducirán sus gastos de 950 a 750 dólares diarios en promedio, algo que también deben tomar en cuenta los empresarios.

Petróleo

Hace cuatro años llegamos a ser un país que exportaba 1 900 000 barriles diarios, pero esto ha caído con la crisis económica. En 2009, en el mejor de los casos, México exportará 1 100 000 barriles diarios, que equivale a una caída casi de 50%, a un precio brutalmente más bajo. Tendremos una caída en las dos variables: el volumen y el precio.

Con el precio del barril a 40 dólares hay productores a los que no les conviene vender porque su tipo de extracción es muy costosa, pero a 70 dólares todos venden, o sea, la venta oscilará entre 40 y 65 dólares. Nosotros consideramos un promedio de 55 dólares durante 2009, pero este precio es ridículo comparado con el que exportábamos hace algunos meses. La mezcla mexicana estuvo a 130 dólares por barril, lo cual es una caída de 60 a 70%; empero, debemos considerar que ya no somos un país petrolizado. Lo que tenemos es un gobierno petrolizado y eso es completamente distinto.

Sector automotriz

Este sector va a influir mucho en la economía, pues aquí tenemos una vinculación directa con la economía estadounidense. Empresas como General Motors, Ford y Chrysler tienen más de 10 plantas en el país, de modo que tendremos menos generación de divisas por la caída de la exportación. El 70% de la exportación automotriz va a Estados Unidos, lo cual representará una disminución que va a influir mucho más que el petróleo. El sector automotriz se interconecta con 44 tipos de sectores, como los plásticos, cristales y acero; todos los proveedores de esa industria están muy integrados en México. Ésta es una variable muy fuerte en la disminución del flujo de efectivo en el país.

> Desempleo y devaluación: dos factores cruciales en la crisis de 2009 para México

Inversión extranjera directa

Anualmente deberíamos tener una inversión por encima de 20 000 millones de dólares al año. En 2009, si tenemos suerte, podríamos llegar a 25 000 millones, pero lo dudo, porque la crisis también nos va a afectar.

Inversión extranjera en cartera

Este tipo de inversión es el dinero que entra de inversionistas en Cetes, bonos o en bolsa de valores. Deberían entrar 10 000 millones de dólares cada año (eso es lo atractivo); sin embargo, en 2009 difícilmente entrarán 2 000 millones de dólares, lo cual también nos va a afectar.

Exportaciones

Esto dependerá de cuán listos seamos para ver otros mercados y no sólo depender de Estados Unidos. Hoy nuestras exportaciones dependen en 80% de la economía norteamericana, subordinación muy nociva para los empresarios mexicanos.

Devaluación del peso

Otro impacto grande que tendremos de esta crisis provendrá de afuera. Tenemos un promedio de un dólar por 13.50 pesos. Ese valor no se debe a una demanda de billetes verdes, los mexicanos no están haciendo cola para comprar dólares, sino que es un problema de escasez de oferta. Todo ha caído al mismo tiempo. La caída de remesas, del turismo, de las exportaciones, del petróleo, de la industria automotriz y de la inversión extranjera; todo ello en su conjunto tendría que generar divisas al país pero no lo hará como en años anteriores. La demanda de dólares que tenemos como país puede ser casi la misma, pero cuando no alcanza esa oferta por la caída de las divisas que ingresan al país del extranjero, necesariamente afecta el tipo de cambio. Por eso tenemos la devaluación actual.

Lamentablemente, la devaluación del peso se refleja en una inflación, dado que más de 50% de nuestros bienes se rigen por el tipo de cambio. Ello indica que no ha habido especulación en contra del peso; más bien, eran obligaciones que tenían que pagar las empresas por lo que adeudaban al extranjero.

Derivados

También aquellos que perdieron con los derivados requieren dólares para pagarlos.

Las empresas necesitan dólares para pagar sus deudas y como se han reducido las divisas por la crisis, la devaluación nos llegó.

¿Qué son los derivados? Los derivados no son más que una apuesta que cada quien juega. Las tesorerías de las grandes empresas en los últimos cinco años se convirtieron en un factor adicional de ingresos para las empresas. La empresa que el lector quiera analizar se dedica a producir un bien y a venderlo. Muchas empresas tienen dinero líquido todos los días, por ejemplo: Comercial Mexicana, Cemex y Maseca, entre otras, tienen una caja enorme. Con ese dinero compran insumos, los transforman y los vuelven a vender. Parte de ese excedente normalmente lo invierten en el exterior, donde dan una tasa de interés muy baja: de 1 o 2%. Pero los bancos empezaron a ofrecerles instrumentos con mucho riesgo, aunque con una rentabilidad enorme.

Estas empresas compraban tales instrumentos financieros que durante cuatro o cinco años les dieron rendimientos extraordinarios, y los dueños estaban encantados con sus financieros porque les hacían ganar más que el director de producción o el de ventas. El financiero era el director consentido: producía ganancias con tasas entre 13 y 14% en dólares.

El juego era que la empresa le apostaba a un dólar con cierto valor y los bancos le pagaban esos dividendos si se cumplía ese valor, pero si bajaba, la empresa tenia que pagar al banco. Esto es verdaderamente una apuesta de casino: o me pagas o te pago dependiendo del acuerdo que tuvimos. En el caso de Comercial Mexicana, el valor completo de la empresa está metido en derivados. Otras empresas perdieron, pero pueden pagar, dado que son empresas que tienen solamente una parte en derivados, y cuando

se recupere el mercado (lo cual se espera para 2010) saldrán adelante del problema. No hay nadie con el tamaño de derivados de Comercial Mexicana; ya veremos cómo lo resuelven.

Dimensión de la recesión en Estados Unidos

Los principales indicadores de la Unión Americana se siguen deteriorando:

- El colapso del mercado accionario y la necesidad de contar con planes de rescate de la economía siguen provocando pesimismo en el consumidor estadounidense.
- La preocupación por el descenso del mercado laboral ha aumentado y la contracción del tercer trimestre fue más profunda de lo calculado, por lo que la confianza continuará en niveles bajos.
- Las expectativas son pesimistas y la probabilidad de que haya una recesión profunda en el primer trimestre de 2009 va en aumento.

El ingreso y el consumo personal en Estados Unidos se están contrayendo rápidamente

El consumo personal ha disminuido 1%, lo cual ha sido la mayor caída desde septiembre de 2001 y es resultado de la disminución registrada del consumo de bienes duraderos (electrodomésticos, televisores, carros, etcétera). Ha reducido 4% la tasa anual.

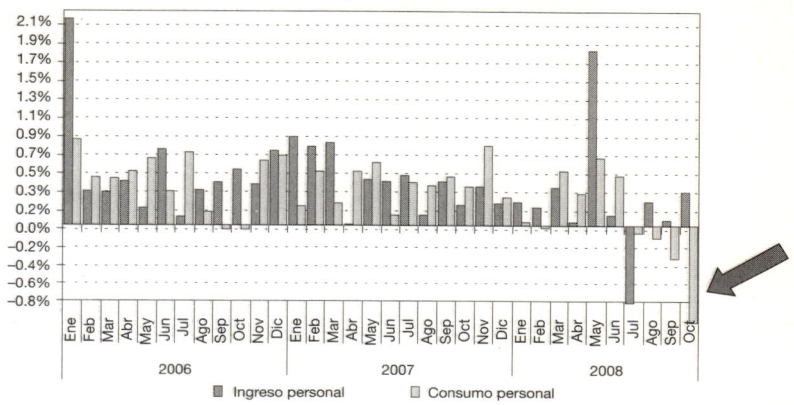

Ingreso y consumo personal
(variación porcentual mensual)

El mercado hipotecario aún no toca fondo

En octubre de 2008 la venta de casas nuevas en Estados Unidos disminuyó 40.1% respecto al nivel observado el mismo mes en 2007, y 5.3% respecto a septiembre de 2008. A pesar de la gran caída que ha tenido, el precio de las casas sigue disminuyendo.

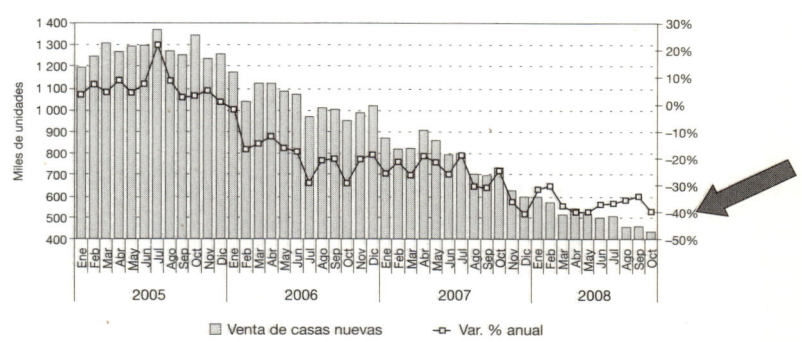

Venta de casas nuevas
(miles de unidades, porcentaje)

El nivel de la actividad económica estadounidense corrobora su recesión

El crecimiento de la economía estadounidense se ha hallado debajo de su tendencia histórica durante 10 de los últimos 11 meses. Es decir, su economía lleva mucho tiempo en recesión y su tendencia inició antes de la crisis financiera.

Tasa de desempleo

El nivel de desempleo ha crecido vertiginosamente: hay casi 500 000 solicitudes de seguro de desempleo semanales en Estados Unidos.

Produccion industrial

En octubre, la producción industrial estadounidense cayó 6.2% en su tasa anual, principalmente debido a la disminución de 11.9% en la producción automotriz.

Confianza del consumidor

El índice de confianza del consumidor en el vecino país del norte cayó 38.1% en octubre de 2008 y alcanzó su nivel más bajo en la historia. Con esto se espera que el consumo en 2009 disminuya entre 3 y 3.5 por ciento.

La economía estadounidense tiene problemas de largo plazo no resueltos

El gobierno de Estados Unidos tendrá que lanzar un paquete importante en 2009 para contrarrestar los efectos de la recesión. Este paquete será adicional al de 700 000 millones utilizados para evitar la quiebra financiera.

El gobierno de la Unión Americana no ha resuelto el endeudamiento de las familias estadounidenses, quienes han utilizado el crédito en forma desmedida: deben 100% de lo que ganan. Además, como ya se dijo, no se ha terminado de corregir el déficit externo.

El ahorro de las familias estadounidenses es casi nulo
(porcentaje del ingreso disponible)

Fuente: GEA con base en datos de la Reserva Federal de San Luis.

Pronóstico para México en 2009-2010

La crisis inició desde el último trimestre de 2008 por el desequilibrio de las variables de Estados Unidos que se ha mencionado en líneas anteriores. En el primer trimestre de 2009 se verá en México la cara más fea de la crisis estadounidense. No hay dos países en el mundo cuya dinámica industrial sea tan idéntica como la de la Unión Americana y la de México.

Desde que México firmó el Tratado de Libre Comercio (TLC) con Estados Unidos, nuestra producción industrial y la suya se mueven igual, uno a uno. Si ellos crecen 1%, nosotros también crecemos 1%; y si ellos caen 5% (como va a ser en 2009), nosotros también caeremos 5%. Eso es lo que sucederá y los empresarios deben considerarlo en sus estrategias.

Los efectos de la contracción de Estados Unidos ya se manifiestan en nuestra economía

En el tercer trimestre de 2008, el PIB aumentó 1.6%. Dicho crecimiento es el más bajo en cinco años que ha habido en México.

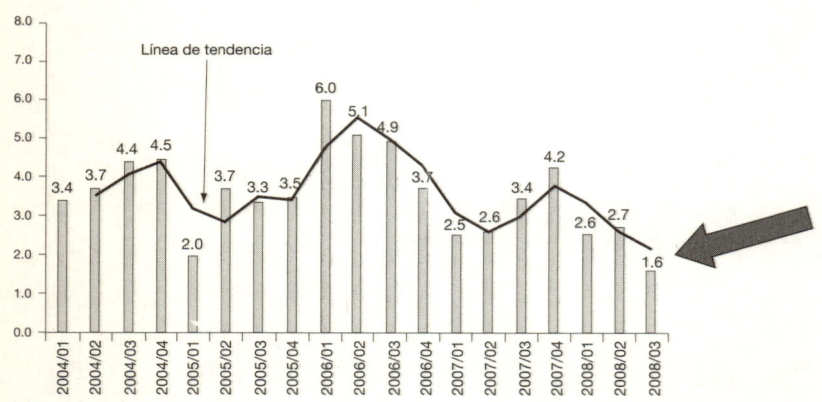

Producto interno bruto
(variación porcentual anual)

Nuestra dependencia comercial con Estados Unidos hará que nuestra caída siga la misma tendencia.

Cuando el TLC dio inicio, la dependencia de nuestras exportaciones creció. Las exportaciones al vecino país del norte, recordemos, son 80% de nuestra producción total industrial.

Diez de las 22 ramas manufactureras mexicanas presentan ya un crecimiento negativo importante.

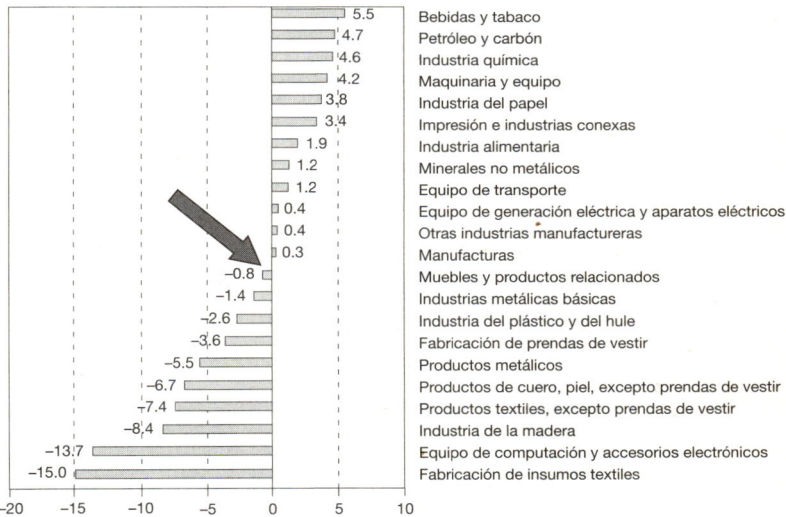

Produducción manufacturera de México
(variación porcentual acumulada a septiembre de 2008)

El sector servicio es el único que mantiene una tendencia positiva, pero va a la baja (2.8%) y se agravará durante 2009.

El comercio va a sufrir una desaceleración. Es probable que, en el mejor de los casos, tenga un crecimiento de 0.5% en 2009.

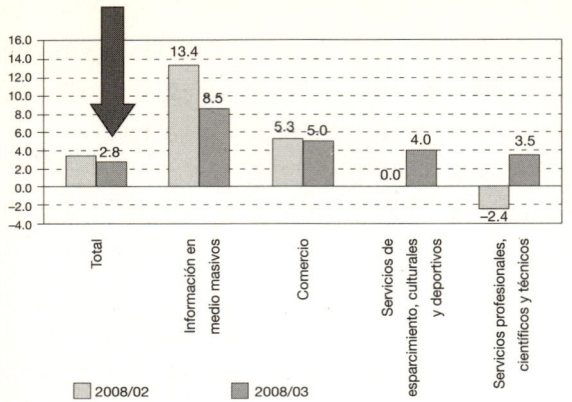

PIB del sector servicios
(variación porcentual anual)

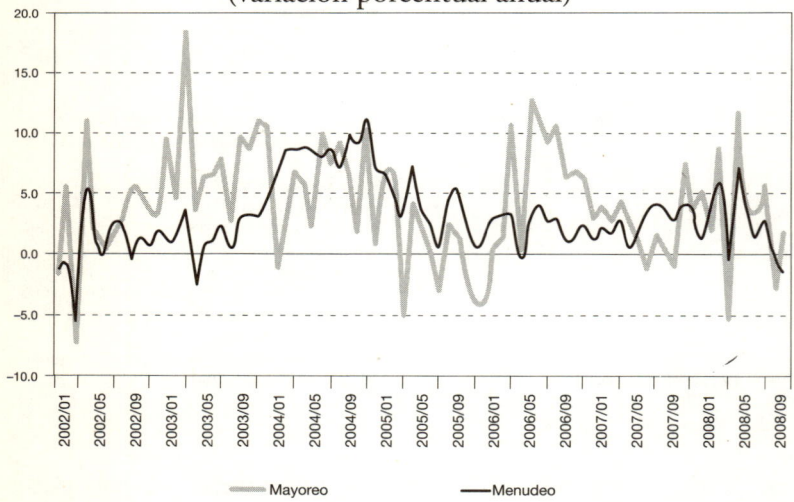

Ventas al menudeo y al mayoreo
(variación porcentual anual)

En octubre de 2008 las ventas al detalle bajaron 3% y las automotrices disminuyeron 14.3% y continúan bajando dramáticamente.

En México tuvimos cinco años de crecimiento excelente de bienes duraderos, especialmente en el sector automotriz.

En 2007 se vendieron 1 200 000 automóviles y en 2008 menos de un 1 100 000, pero en 2009 se venderán menos de un millón. El ajuste será muy fuerte y devastador si la industria automotriz no descubre estrategias inteligentes de cómo salir de él.

Ventas de la ANTAD (Asociación Nacional de Tiendas de Autoservicio y Departamentales) y de automóviles en México (variación porcentual anual)

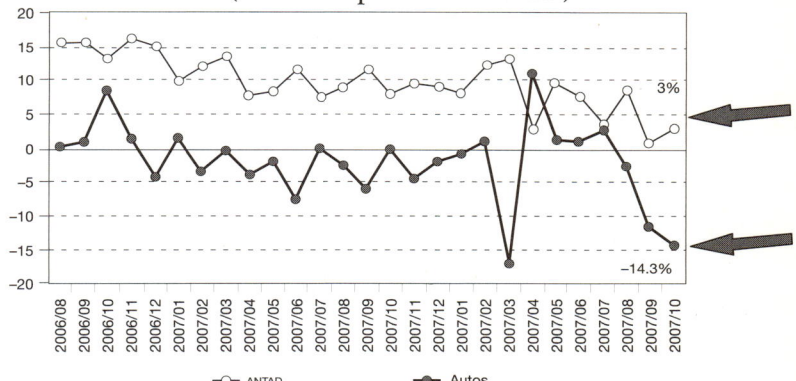

El índice de confianza del consumidor ha disminuido 16.1% y lleva 23 meses a la baja, lo cual afectará directamente la demanda de productos y servicios.

Índice de confianza del consumidor (enero 2003 = 100)

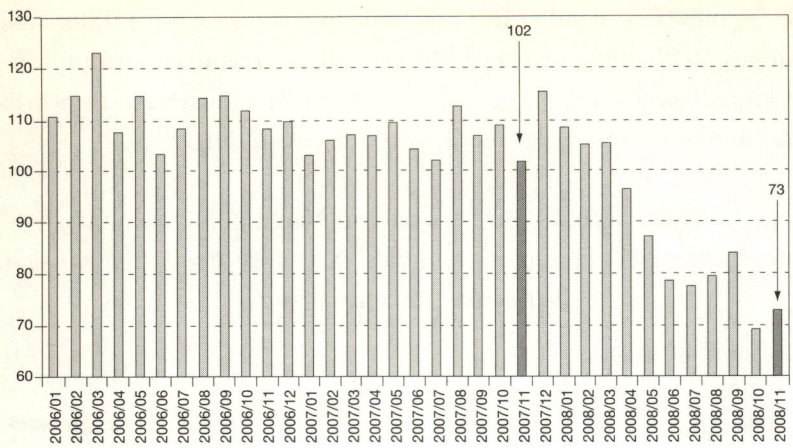

Se confirma una tasa de desempleo de 4.25% registrado en septiembre de 2008.

El desempleo, que será de unas 200 000 personas sin trabajo, afectará directamente el consumo y las ventas. Los sectores más golpeados serán los productores de bienes duraderos, lo cual ya lo estamos sintiendo.

Entre enero y octubre de 2008 se registraron 319 000 nuevos puestos de trabajo, que representan una caída de 47%, menos de los creados en el mismo periodo de 2007.

Total de asegurados en el IMSS: ene.-oct. (miles de asegurados)

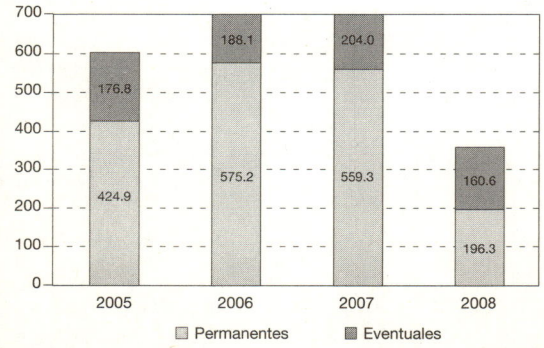

Total de asegurados permanentes en el IMSS
(miles de asegurados)

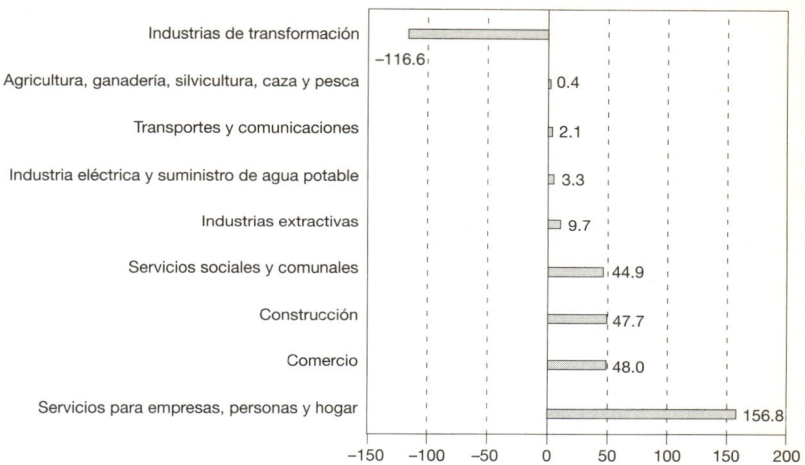

Proyecciones económicas

Demanda interna

GEA estima que el PIB y la demanda interna de 2009 se contraerán 1.0 y 1.3%, respectivamente. Esta última dejará de ser el motor de crecimiento para convertirse en un lastre para la economía mexicana.

PIB real y demanda interna
(variación porcentual)

PIB per cápita

GEA considera que el PIB *per cápita* en 2009 interrumpirá el ascenso que ha tenido desde 2003 y disminuirá a 9.49 dólares por habitante.

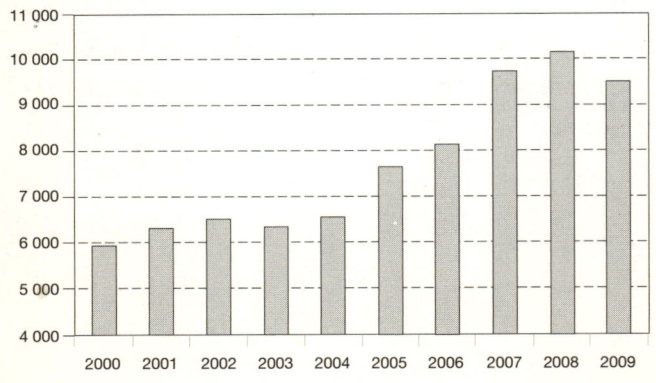

PIB *per cápita*
(dólares)

Cuenta corriente del gobierno

La cuenta corriente tendrá un déficit de 27 100 millones de dólares, lo que representará -2.7% del PIB de 2009.

Tipo de cambio

Durante 2009 se mantendrán las presiones sobre el tipo de cambio. Ante esto, el Banco de México difícilmente podrá reducir las tasas de interés o suspender el mecanismo de subasta de dólares.

Mercado informal

De los 200 000 desempleados que se esperan para 2009, curiosamente en México no se transforma en un mayor desempleo masivo directo, sino que se observa en un crecimiento del sector informal. Ésta es una válvula de escape que hay en el país y que disminuye la presión social. Siempre ha sido así, en épocas de crisis anteriores hemos visto el mismo comportamiento.

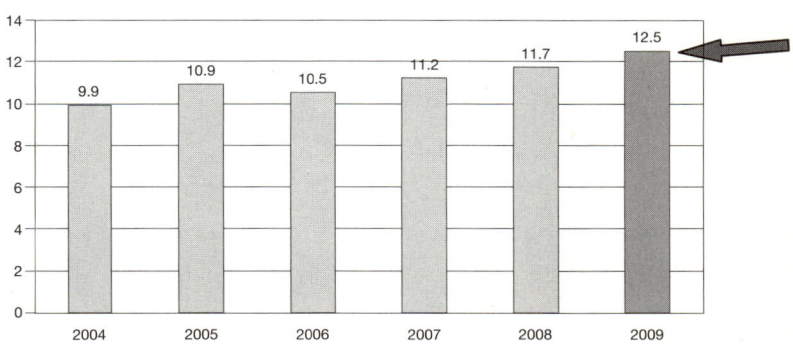

Mercado informal
(millones de personas)

La recesión de 2009 será la primera que no ha sido ocasionada por los desbalances de México como país.

Sin duda estamos mejor preparados para aminorar los efectos externos, pero ello no nos exime de ser afectados por la contracción de Estados Unidos.

La población y el país están mejor preparados para enfrentarlo. Será necesario que la crisis no sea sobredimensionada y se evite la actitud agresiva que requieren los empresarios en este momento.

Encuestas realizadas en México

La siguiente información es producto de una encuesta nacional realizada en todos los estratos de la población acerca de la crisis actual. El nivel de certeza es de más de 97% de exactitud, por lo cual puede ser considerada una muestra muy confiable y representativa de la opinión pública en todo el país.

Opinión pública y situación económica

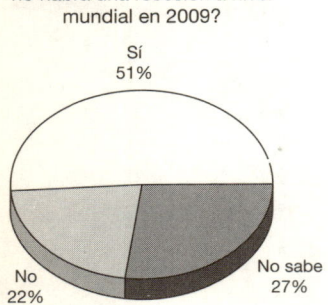

¿Cree usted que habrá o que no habrá una recesión a nivel mundial en 2009?
Sí 51%
No 22%
No sabe 27%

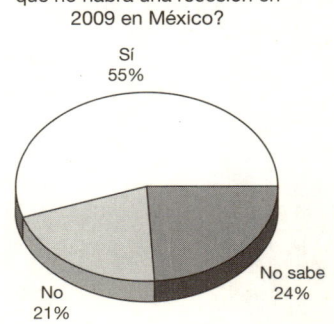

¿Y cree usted que habrá o que no habrá una recesión en 2009 en México?
Sí 55%
No 21%
No sabe 24%

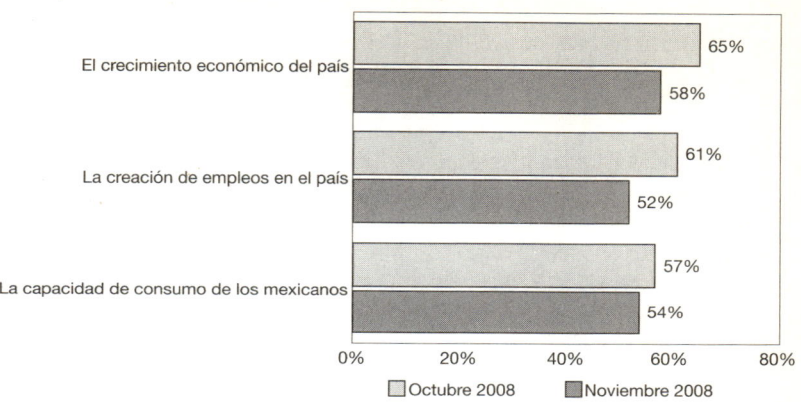

¿Se siente seguro o no con esta crisis?

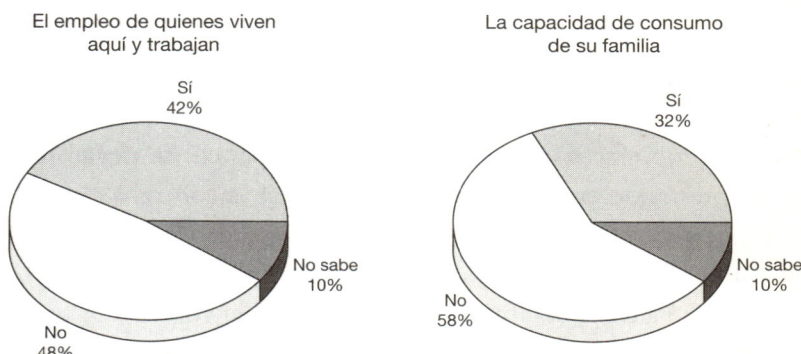

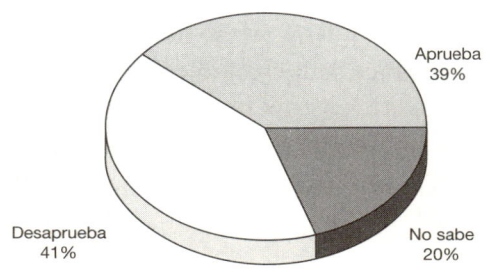

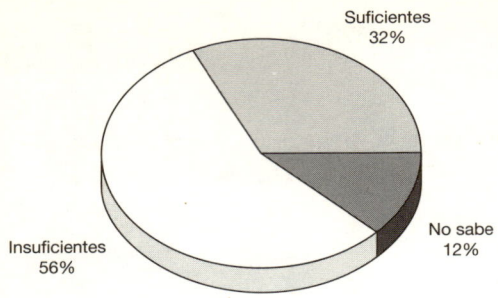

Oportunidades de las crisis

Considere el lector lo siguiente: en 1995 no existían las sofoles y hoy son del tamaño de los bancos. Las sofoles hipotecarias surgieron como efecto de la crisis, porque los bancos se negaron a seguir prestando en las condiciones en que se encontraba el mercado, pero se requería que alguien prestara. Por ello, surgieron las sofoles hipotecarias nacionales. Por ejemplo, Hipotecaria Su Casita llegó a tener el tamaño de Banamex y Bancomer. Los bancos se dieron cuenta muy tarde de que literalmente habían regalado este nicho.

También recuerde el lector el caso de los ganadores de la crisis estadounidense que nos afectó en 2001: comenzaron a surgir las microfinancieras para atender a las personas del sector mas débil de la población y también han crecido enormemente gracias a la crisis de 2001.

Algunas financieras tienen un tamaño que les permite cotizar en bolsa (un nicho verdaderamente impresionante, a pesar de que ellas no existían antes de esta crisis).

Todos los empresarios, cada quien en su nicho, tienen que encontrar la manera de atender a estos consumidores en esta nueva faceta de la economía, y acomodarse a las circunstancias de una forma muy rápida y agresiva.

> Paradoja: la crisis es inevitable pero también presenta oportunidades que antes no existían

Estrategias

Es fundamental rediseñar su plan de negocios para los próximos dos años. El lector, como empresario, necesita no sólo comprender que estamos ante una nueva economía, sino también dimensionar tres cosas:

1. Qué tanto se van a reducir sus ventas.
2. Si el lector es proveedor de una industria que exporta o es un exportador, analice cuánto espera que caigan las exportaciones.
3. Identifique el peor y el mejor escenario para 2009 en cuanto a ventas y utilidades.

Es momento de que las empresas acepten cierta pérdida, pero no de sobredimensionar el problema, no estamos en la crisis de 1995; en aquella época, el PIB cayó en 6.95% y este año caeremos 1%. Antes éramos nosotros los que habíamos cometido el error, pero hoy son nuestros vecinos, de los cuales nuestra industria depende 80 por ciento.

No hay duda de que debemos ser racionales en lo que gastamos. Los empresarios llevan cinco años de bonanza y naturalmente tendemos a incrementar gastos más de lo debido porque podemos pagarlos. A partir de hoy debemos ser increíblemente minuciosos. Despedir gente es el camino más fácil y el más corto, pero hay que tener conciencia de la necesidad de proteger el empleo de la gente con estrategias inteligentes.

Que no le pase al lector lo que al señor que tenía a un hijo estudiando el doctorado en administración en una universidad, quien le comenta: "Padre, estamos en medio de una gran crisis, por lo cual debes ahorrar lo más que puedas". Su padre, un comerciante progresista y exitoso, obedece al hijo estudioso: quita a muchos empleados de su tienda, disminuye sus inventarios y deja de hacer promociones. En pocos meses se le caen las ventas y tiene que cerrar. Finalmente, el padre comprueba que su hijo tenía razón: había crisis.

No haga el lector lo mismo, ni sobredimensione la situación: la caída de las ventas es inevitable en México y en la mayoría de los países del mundo. Debe ser agresivo para atender un mercado que ahí está, aunque le compren menos.

En 2010 el mercado podrá expandirse, de modo que el momento para consolidarse es ahora. Sin embargo, la mayoría de la gente tiene mucho miedo: nunca nadie había visto un desequilibrio y una crisis de estas dimensiones en Estados Unidos, y les llevará una década corregir ese problema.

Consejo: analice con su equipo de trabajo todas estas tendencias y comience de inmediato a tomar decisiones. Compartir esta información le permitirá tener un mayor espectro de soluciones.

CAPÍTULO 3

Tácticas para manejar la crisis

Ante lo que está sucediendo, el modelo capitalista conocido hasta ahora cambiará radicalmente. Mientras tanto, las empresas sólo podrán controlar lo que está a su alcance. Por eso se identifican siete tendencias del mercado actual que debemos conocer y dominar para salir adelante. A partir de ello se exponen las 27 tácticas que no sólo permitirán sortear el 2009 sino, aunque usted no lo crea, *crecer*.

> La vida es muy peligrosa, no por las personas que toman decisiones erróneas, sino por las que sólo se sientan a ver lo que pasa.

Panorama del mercado actual

Después de haber experimentado una caída tan estrepitosa de la economía mundial, nos damos cuenta de que es una señal evidente de que el mundo va hacia una nueva era del capitalismo que tradicionalmente conocemos. El esquema capitalista que hemos construido se nos enfermó. El presidente de Francia, Nicolas Sarkozy, planea crear un foro mundial para "Rediseñar el sistema capitalista"; también declaró que "la legitimidad del poder público para intervenir en el funcionamiento del sistema financiero mundial es hoy incuestionable". El modelo capitalista basado en el endeudamiento para lograr el crecimiento cambiará para siempre. Ésa fue la tesis de Alan Greenspan al abaratar el dinero a 1% y dinamizar su economía.

Aunque el actual secretario del Tesoro de Estados Unidos, Henry Paulson, ha repetido el modelo al bajar las tasas a 1% y expresó que si es necesario las bajará aún más para que la economía se reactive en su país, sabe bien que el motor de su economía es el consumo, el cual se halla estancado (a -4%, la mayor caída desde 2001). Él sabe que la sangre que alimenta al sistema capitalista es el crédito y tiene que reactivarlo si quiere sacar a su país del marasmo en que se encuentra.

Las empresas locales e internacionales tendrán que regresar a lo básico, a lo fundamental. El flujo de efectivo en 2009 seguro bajará y nos transformaremos en un mundo centrado en la austeridad, al menos durante algunos años. Su empresa tendrá que ser austera y usted, en su vida personal, también tendrá que serlo.

Las empresas deberán bajar el modelo de apalancamiento que han tenido en los últimos años a través de líneas de crédito en forma indiscriminada. Esta tendencia hará disminuir el consumo y la demanda de productos. Estamos ante un reordenamiento del sistema capitalista.

Debemos estar alertas ya que la economía no tiene tanto espacio para que vivamos una recuperación rápida. No espere magia, sino cautela, discreción y mucha normatividad y vigilancia en las empresas, los bancos y los gobiernos de los países.

> Ante la crisis mundial las únicas variables que usted puede controlar son las que tiene a su alcance

Todo apunta a que la nueva economía del mundo será China, cuya ventaja parece ser que el gobierno hoy es dueño de los bancos y puede manejar el dinero de una forma muy diferente. Por lo pronto, compra empresas y tierras en la Unión Americana como lo hace también India, únicos países que tienen mucho excedente. El mundo entero le apostó a los bancos estadounidenses, así como al consumo, y perdió al utilizar de manera tan irresponsable y sin límite alguno la adjudicación de líneas de crédito.

A partir de este momento se observará que los precios y las ventas bajarán, las líneas de crédito disminuirán y los bancos serán más vigilados. El índice de confianza del consumidor en Estados Unidos cayó 38.1% en octubre de 2008 y alcanzó el nivel más bajo en la historia (38 puntos); con esto se espera que el consumo en 2009 disminuya ente 3 y 5 por ciento.

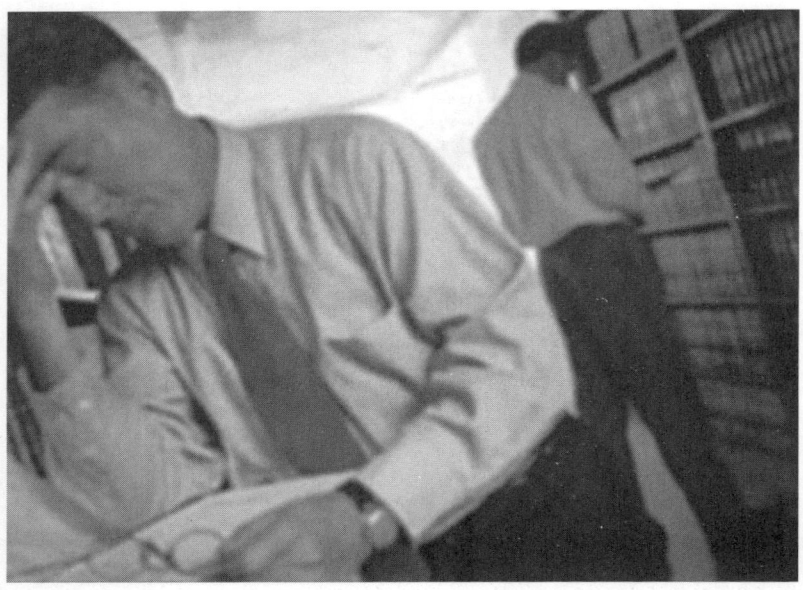

Ante esa realidad, sin importar el nivel de recesión que haya durante 2009, será necesario considerar varios factores que están en su ámbito de influencia. Son acciones que usted puede realizar, independientemente del tamaño de empresa que dirija. Da igual si tiene 10 empleados o 1 000, las tácticas son las mismas ante un mercado austero.

A partir de 2009, usted deberá reaccionar con tácticas, sin cambiar la gran estrategia de su negocio, ni salirse del mercado en el que ha crecido. No intente iniciar nuevas empresas que no domina. ¡No lo haga! Usted deberá mejorar en todo lo que hoy hace, principalmente la forma como atiende a sus clientes actuales; además, deberá emprender acciones muy distintas en el ámbito comercial. Por favor, controle su cartera como nunca.

Usted bien sabe que no puede hacer nada por la crisis mundial, sino que debe trabajar en las variables controlables que tiene a su alcance; asimismo, deberá esforzarse como jamás lo ha hecho. Para ello, será necesario que vigile siete tendencias comerciales fundamentales para proteger su negocio que a continuación se describen. Cabe reiterar: sin importar el nivel de la desaceleración que viva su negocio y el país durante 2009 y 2010, usted debe tomarlas en cuenta.

Siete tendencias comerciales que debe considerar durante 2009 y 2010

Convénzase: su mercado cambió para siempre.

A continuación se describen algunas tendencias comerciales que usted debe considerar en el mundo de los negocios que pueden determinar el éxito o el fracaso de su estrategia comercial para 2009. Estas nuevas tendencias son parte del cambio de raíz que exige la nueva forma de hacer dinero en los negocios ante la crisis financiera en la que nos encontramos. En mi libro titulado *Innovar o morir* (Grijalbo), publicado 15 días antes de la crisis financiera, se indica que el mercado tiene ciertas tendencias que, después de esta crisis, se han agudizado aún más. Es imprescindible tenerlas muy claras en su mente. Las siete tendencias comerciales que usted debe considerar para su estrategia de 2009 son las siguientes:

Primera: mercado del yo también

En los últimos años los mercados se han caracterizado por estar saturados de competidores, productos y servicios similares para satisfacer la misma necesidad. Ante la desaceleración del mercado en 2009, este fenómeno se volverá más evidente. Si antes éramos muchos competidores, hoy, al reducirse la demanda del mercado ante la recesión, la saturación será aún mayor. La competencia estará alerta a lo que los demás hagan exitosamente en el mercado. Si usted diseña una estrategia, producto o servicio exitoso, sus competidores lo imitarán, lo mejorarán y, peor aún, lo sacarán a mitad de precio. La guerra de precios en un mercado en recesión será frontal. No habrá piedad para el que no esté alerta a las nuevas tendencias del consumidor y de los competidores exitosos. En un mundo saturado como el que se avecina, los productos se parecen. En esta corriente de imitación, su diferenciador será menor y transitorio: la razón es que van a copiárselo, a mejorarlo y lo sacarán a la mitad de precio. Se le aconseja que si diseña una nueva estrategia, considere la opción de la inmediata imitación y tenga en lista de espera dos o tres acciones para compensar el "mundo de la imitación". La clave del juego es reducir el tiempo de aceptación de un producto por el consumidor y reducir el periodo de madurez de una estrategia de mercado. En el presente año considere que el ciclo de vida de su estrategia, de sus promociones y de sus diferenciadores en el producto será muy corto y temporal.

Segunda: mercado de bajo costo

El año 2009 será para usted un año de reducción permanente de precios; por tal razón, sus márgenes de utilidad se reducirán drásticamente. Buscar crecimiento por medio de descuentos solamente será suicida; la razón surge del punto anterior: "Van a copiárselo y a mejorarlo y lo ofrecerán a la mitad de precio. Lanzar un producto en un mercado en desaceleración sólo bajando su precio será suicida. Deberá compensarlo con un nuevo diseño de su organización basado en bajo costo.

> Todo lo expuesto en el libro *Innovar o morir* cobra especial importancia ante esta crisis. Debe leerlo

Usted deberá diseñar una nueva organización con una estructura de bajo costo y no sólo tener una estrategia de bajos precios y promociones, porque aniquilará las utilidades y no podrá sobrevivir por mucho tiempo. Recuerde que su objetivo es la sobrevivencia financiera durante los próximos 12 o 24 meses. Varias empresas de *low cost* en México no aprendieron la lección y sólo han vendido a bajo precio. El negocio se llama de "bajo costo", no de "bajo precio". Ofrecer bajos precios con una estructura de organización diseñada para otro tipo de ingresos y utilidades aniquila la estabilidad financiera de su negocio. La estructura que usted tiene perteneció a un mercado que hoy ya no existe. La disminución de sus ventas será irremediable, por lo cual necesita armar una empresa con procesos, sistemas y estructuras de bajo costo.

La sobrevivencia no será de largo plazo, como les sucede a algunas empresas de aviación de bajo costo que no entendieron el modelo. La única empresa muy exitosa que conozco se llama Southwest Airline, la cual, por el diseño de organización de bajo costo que tiene, puede soportar el petróleo (según sus estimaciones) hasta en 58 dólares el barril y tiene utilidades sin problemas. Esta empresa está diseñada para salir a flote en un mercado en crisis como el que vivimos. La suya también deberá estar armada de otra forma si quiere sobrevivir en el nuevo mercado de la austeridad.

Tercera: mercado pulverizado

En el mundo de la sobresaturación de productos, servicios y nuevos competidores que hacen lo mismo que nosotros, que experimentaremos durante 2009, nos dará la sensación de que los competidores se han multiplicado por miles, dada la reducción del tamaño del mercado comprador.

En mercados sobresaturados de ofertas como el que tendremos sucederá algo muy particular. Usted comenzará a sentir que sus productos y promociones no tienen el mismo impacto porque, a la vista del cliente, serán muy similares y poco atractivos. Puede comenzar a experimentar que ni bajando los precios logra incrementar sus ventas: primero porque el mercado se empequeñeció y, segundo, porque en el mundo de la imitación su producto pierde valor e impacto diferenciador. Lo que sucederá durante 2009 es que el producto no será necesariamente el que determine la decisión de compra, pues se ven similares al suyo, la promoción será similar o mejor que la suya y los precios también serán similares o mejores que los suyos. Su estrategia de marketing tradicional se verá pulverizada y devastada por cientos de promociones para atender un mercado de menor tamaño que el que tuvo hace 12 meses.

Algunos empresarios que entendieron eso hace algunos años hoy son los que dominan el mercado en el mundo y no sólo en México. Observe usted a Domino's Pizza. Su lema es: "Si no le entrego la pizza en 30 minutos: se la regalo". Reflexione: si le regalan el producto que compró, ¿qué venden entonces? Seguramente el diferenciador no es la pizza, ¿verdad? El producto no es el diferenciador. Si fuera la pizza lo que Domino's tuviera como diferenciador, concentraría su atención en diferenciarla y pondría la mejor salsa de Italia, el mejor queso de Holanda y los mejores cocineros para hacer la masa. También piense, si su diferenciador fuera el producto, cuánto tiempo llevaría a la competencia copiarlo, hacerlo mejor y bajar el precio: ¡sólo meses!

> Si usted no sabe nada sobre la nueva realidad global, consulte a un especialista… también puede preguntar a su hijo o nieto

Lo que Domino's Pizza vende no es un producto, sino un diferenciador que no está intrínsecamente en el producto. Está en la forma en que llega el producto, el cual es sólo el medio. Por ello, en 2009 usted tendrá que diseñar un diferenciador que no esté en el producto, porque será muy fácil de imitar y difícil de crear un fuerte posicionamiento de marca en la mente del consumidor, para que usted sea visto como primera opción de compra. Deberá comprender que en 2009 el nombre del juego será la forma en que vende, cómo entrega su producto, de qué modo diseña su servicio alrededor del producto, como también la forma en que usted resuelve un problema de costos con su producto a sus clientes. La manera de atender a sus clientes será más poderosa que el mismo producto. Varias empresas lo han logrado: Starbucks, Toyota, Elektra, Big Cola y muchas más.

Cuarta: entender al nuevo consumidor

El consumidor en 2009 estará mas regido por motivos racionales que emocionales para comprar un producto o servicio. Por lo tanto, deberá leer su comportamiento en ese sentido. El consumidor estará motivado por otras razones diferentes, dada su prioridad en la austeridad y en vigilar la salud financiera de su empresa o de su hogar. El nuevo cliente del mundo ya no reaccionará tan fácilmente a seis meses sin intereses como antes, tampoco un negocio podrá estimular a sus consumidores con una simple promoción.

Sus promociones deberán ser muchas, bastante novedosas y diseñadas muy inteligentemente; deberá hacer cientos de promociones de todo tipo. El cliente estará en 2009 más informado que usted. Todos los consumidores estarán concentrados en comprar más con menos.

Quinta: el mundo se hizo plano

En 2005 salió al mercado el libro *La Tierra es plana*, escrito por Thomas L. Friedman. No hay verdad más absoluta: los gobiernos delimitan sus fronteras. El mundo está dividido geográficamente, pero el comercio no actúa de esa forma, internet no lo permite. Las fronteras comerciales han caído, así como cayó el muro de Berlín en la *perestroika*. Hoy nuestra *perestroika* se llama internet. Usted les vende a los ciudadanos del mundo, no a los que viven en la colonia Del Valle, o en una ciudad o estado en específico. Internet ha dado una nueva dimensión a los negocios. Antes las grandes corporaciones tenían un área internacional y con ello atendían a todo el mundo, pero hoy necesitan estar en todos los países y conquistarlos desde dentro y recibir pedidos en línea de cualquier parte del planeta.

El año pasado fui con mi familia de vacaciones a San Francisco, California. Todo el viaje lo programé vía internet y obtuve información adicional vía telefónica. Lo curioso fue que hablé varias veces por teléfono a un número 800, o sea, gratis. La persona que me asesoró era un joven español que trabaja en Irlanda vendiendo viajes a cualquier parte del mundo.

Por favor, no se resista al nuevo mundo plano sin fronteras, aun si usted no sabe nada de ello: consulte con especialistas o con su nieto, pues él sí sabe de ello. El mercado tradicional al cual usted le vende será mas pequeño, de modo que necesita estar en todos los rincones del país para compensar la tendencia del mercado en 2009.

Sexta: consumismo excedido del mundo

Hasta el día del estallido de la crisis financiera mundial en 2008, todas las empresas vendían más de lo que tenían como capacidad financiera para producir. Todas las empresas han estado apalancadas y han financiado sus ventas con líneas de crédito directo gracias al dinero barato. Hicimos bien: crecimos mientras el mundo soportaba la presión que generaba el dinero fácil en el mercado, pero hoy esto se acabó. Durante 2009 usted tendrá ventas reales porque las de los últimos cinco fueron virtuales. ¡Se fueron! Pertenecían a un modelo de apalancamiento que sobrecalentó el mercado mundial y lo hizo caer. Vendíamos con dinero que no teníamos y el consumidor adquiría con dinero que no ganaba. Por tal razón, usted necesita revisar la estructura de su organización para adecuarla a una nueva realidad. No dude y hágalo ya.

Séptima: la ventaja de ser pequeño

Las empresas pequeñas (Pymes) que tengan una buena administración y una adecuada estructura comercial y financiera, así como las empresas medianas y grandes con una estructura de costos

rígida y bien estructurada podrán crecer en 2009 contra las grandes empresas endeudadas que rematarán sus productos con tal de mover su inventario. Las pequeñas y medianas empresas podrán atender nichos específicos en zonas que las grandes empresas no estarán interesadas, por su bajo volumen o costo de cobranza. Las empresas pequeñas tendrán que ser rápidas en su respuesta o desaparecerán. Deberán actuar como verdaderas empresas profesionales en pequeño. La velocidad de entrega, de solución de problemas y para atender los requerimientos de los clientes será su ventaja competitiva. Los grandes no podrán responder tan rápidamente porque son estructuras pesadas y lentas y reducirán personal, pero sus procesos están diseñados para tener una infraestructura mayor. La oportunidad estará en los pequeños, rápidos y flexibles cuando se trate de resolver problemas puntuales de los clientes. En 2009 las empresas rápidas aniquilarán a las lentas.

Enseguida se presentan *tácticas operativas* que pueden contribuir con la lucha para competir en el próximo mercado de 2009 y 2010:

Veintisiete tácticas operativas para un mundo en desorden

Como ya se señaló, será necesario que usted se encuentre bien parado en su mercado. Deberá fortalecer lo que le permitió llegar adonde se encuentra hoy, lo cual será un factor independiente de la cantidad de competidores que surjan y la cantidad de promociones, productos y servicios que surjan en 2009. Concéntrese en diseñar tácticas que le permitan contrarrestar las nuevas estrategias de sus competidores. No va a haber dinero para todos: sólo los más preventivos y quienes diseñen una nueva estrategia para una economía de guerra podrán salir fortalecidos de esta etapa de desaceleración. Se resumen en 27 las tácticas preventivas, con el fin de agrupar las de mayor nivel de importancia para usted:

1. Cuide su nivel de inventarios

Tenga cuidado de no tener en exceso, pero tampoco niegue ventas porque no tiene hoy en inventario. Recuerde: venta que hoy no realice mañana no la recuperará. Sus clientes tendrán muchas opciones y usted no se salvará con el tradicional "perdón" y prometiendo que la próxima semana le llega. El cliente nunca más dependerá de usted y en 2009 las opciones de compra serán enormes.

2. Coloque ventas sanas

Deberá capacitar a sus vendedores para vender, pero también para recuperar. Lo más fácil será vender con líneas de crédito flexibles y descuentos especiales los últimos 10 días de cada mes, como siempre ha sucedido. Su mercado le pedirá entregas urgentes y plazos cada día mayores. Haga de sus vendedores verdaderos asesores de compras y no colocadores de inventarios.

3. Cobre, cobre y cobre

Lo fundamental del juego de 2009 y 2010 será la rotación de su cartera. Lo más fácil a pesar de que el mercado se contraiga será vender y lo difícil será cobrar. Pregúntese: si los bancos disminuyen líneas de crédito, ¿con quién se financiarán sus clientes? Seguramente con usted, ¡si se deja! Los clientes que conozcan el comportamiento del mercado sabrán que quienes tienen pedidos controlan el mercado, el cual es de compradores. Las empresas podrán tener muchos proveedores trayéndolos con deudas por meses. Tenga cuidado en que no se financien con usted. En 2009 y 2010 su estado de resultados será su cartera. No lo piense más.

4. Mejore su canal de distribución

En un mercado en recesión, la velocidad con que entregue será clave. Deberá encontrar formas de entrega menos costosas para usted y sus clientes; por ello, elimine todo canal de distribución que no agregue valor; analice en qué zonas o a qué clientes podrá entregar directamente y elimine canales de distribución que hoy utiliza porque son más cómodos, aunque más costosos; analice el 80/20 de su cartera y redefina su canal de distribución; no olvide el éxito que ha tenido Dell Computer al eliminar el canal de distribución tradicional; reflexione también en qué canal de distribución puede prescindir o hacer más eficaz, y trabaje en conjunto con sus canales para identificar áreas de eficiencia de sus inventarios. Rápidamente debe buscar nuevos canales que nunca ha experimentado que le permitan ampliar su mercado. Necesita atender más consumidores en diferentes canales de distribución.

5. Genere demanda

Desarrolle la capacidad para generar demanda en sus clientes. El modelo tradicional de impulsar ventas con descuentos todo el tiempo no será lo más rentable como lo fue en años de bonanza. La razón es que todos harán descuentos ante el cliente. Usted deberá definir una estrategia de empujar en oposición a jalar. Ésta se logra al acercarse más a los clientes. Deberá definir una estrategia de acercamiento por medio de un buen *call center*, un adecuado CRM (Customer Relationship Manager)o un excelente servicio de atención personalizada. Deberá conocer más de cerca las necesidades futuras de sus clientes para planear sus ofertas. No haga lo que hoy, que vendemos los días 28 en adelante para cerrar el mes rematando los productos y el precio, ya que los clientes han aprendido que es muy rentable guardar las compras para los días últimos porque los vendedores ofrecen más ofertas para alcanzar sus cuotas. Usted deberá no sólo resolver cualquier problema que tenga su cliente con sus productos, sino también encontrar formas de ahorrarle dinero, y ayudarle a mejorar la aplicación o uso de su producto para reducir costos. Ofrezca algo adicional a sus clientes que les facilite ahorrar algo, ya sea dinero, tiempo, servicio, desperdicio o reprocesos.

6. Retenga a sus clientes 80/20

En un mercado en desaceleración que se vivirá durante 2009 sería suicida perder alguno de sus mejores clientes; por ello, debe cuidar los clientes de mayor valor para su empresa y atenderlos con gente profesional. Tradicionalmente clientes grandes y pequeños son atendidos por vendedores de la zona. Cambie de estrategia y haga que sus gerentes de zona o de región sean los responsables de las ventas; sáquelos de la oficina y hágalos responsables de las ventas del 80/20 de su plaza. No mantenga al que más sabe encerrado en una oficina sumando, restando y recibiendo reportes de visitas. Defina la estrategia "todos a la calle". No deje a los más expertos en la comodidad del aire acondicionado, ¡nunca más! La gente con más años de experiencia debe sacar adelante el mercado durante 2009 y 2010. Proteja su capital más importante, sus clientes, con el capital intelectual más experto que tiene. Será una decisión difícil para ellos, pero debe usar sus soldados de élite para la gran batalla.

7. Diseñe empaques más pequeños

En un consumidor más racional y selectivo como el que tendrá, necesita observar su comportamiento de compra. Si sus clientes son muy sensibles a los precios, deberá cambiar el tamaño de presentación de sus productos. Si usted vende champús, seguramente deberá considerar que sus clientes no tendrán dinero suficiente para comprar el tamaño de medio litro. Cambie el empaque y venda más productos en presentaciones más pequeñas de fácil adquisición por su menor precio. Venda más producto de menor tamaño. Generalmente las utilidades son mayores en presentaciones económicas.

8. Crezca en el segmento que domina

La tendencia tradicional cuando se nos han caído las ventas es compensar: vender otros productos en mercados que nunca hemos atendido. Tenga cuidado con esto, ya que tampoco habrá dinero en otros segmentos. La diversificación en productos en mercados que usted desconoce puede ser un peligro en un mercado en recesión; por ello, cuide cautelosamente el mercado que domina y consolídelo. No tendrá dinero para toda la publicidad y todas sus promociones, tampoco para invertir hasta que madure un nuevo producto en el mercado. Descubra tácticas para consolidar lo que usted domina.

9. Negocie con sus proveedores

No acepte fácilmente aumentos de precios en sus proveedores tradicionales, quienes intentarán subir los precios y medir su reacción. Niegue los aumentos en primera instancia, porque ellos saben que no están solos y también sufrirán la disminución del volumen de las ventas de sus clientes. Si usted está en la posición de ser un comprador de volumen, ellos necesitan sus ventas. Sea un firme negociador, porque es muy probable que no le dejen de surtir. Será un año de estira y afloja: el que más ceda será el que más caro compre.

> Comience a desdramatizar la crisis financiera: no será eterna, el mundo no se acabará

10. Elimine gastos superfluos

Necesita crear en su empresa una cultura de ahorro, la cual deberá ser inducida en todos los aspectos. Ya no habrá gasto pequeño, pues la suma de todos cuenta en el año. Ha habido empresas que ahorran incluso en el azúcar del café al comprar despachadores que no la tiran ni la desperdician. Las cucharas desechables también cuentan en los ahorros. Vigile los hábitos de viaje de su gente, hoteles, restaurantes, invitaciones a clientes y gastos de gasolina y luz. En suma, todo es importante para 2009.

11. Diseñe una estructura centrada en costos

Revise en su empresa todos los procesos y reduzca tiempos, duplicidad y costos innecesarios, así como desperdicios y reprocesos. Premie las áreas que más ahorros logren en la empresa y enséñeles cómo se rediseñan los procesos. Será necesario rediseñar la estructura y no sólo los procesos de su empresa. Debe recrear su empresa con una estructura de costos diferente; ya no será suficiente reducir gastos de tarjetas, de gasolina o gastos de representación o de ventas. Debe tener una empresa diseñada para tener costos bajos y, en consecuencia, precios bajos. No baje los precios con una estructura obesa y tradicional que fue diseñada para una economía que hoy no existe y para un mercado que no consume como antes.

 Haga un análisis comparativo de empresas similares a la suya y analice su estructura de organización. Empresas como Big Cola construyeron un negocio centrado en costos para poder vender a bajo precio; no tienen los costos de las embotelladoras tradicionales, por lo cual pueden dar precios bajos con mejores márgenes de utilidad. El año 2009 requiere que usted consolide la compleja ecuación de precios bajos con costos bajos para lograr mejores márgenes. Hasta los focos de bajo consumo sumarán.

12. Innove, innove e innove

Deberá construir una organización innovadora. La innovación es una cultura que debe incentivar. Premie ideas que reduzcan costos y tiempo y mejore el servicio y la solución de problemas; premie toda idea que pueda ser cuantificable y que contribuya económicamente en el corto plazo con la economía de su empresa. Empresas innovadoras ganarán la batalla en un mercado tan tradicional como el nuestro. Haga premiaciones públicas que reconozcan el esfuerzo innovador de su gente. Publique todas las ideas exitosas de su empresa creando una cultura en todos sus empleados.

13. Reduzca espacios físicos

Muchas empresas tienen demasiada gente en sus oficinas sólo para mover papeles. Reduzca sus espacios físicos, de modo que le faciliten reducir sus costos de operación. Las grandes empresas han comprendido que deben quitarse activos fijos que no son rentables. La mayoría de las empresas optan por rentar y vender sus edificios. Utilice servicios externos y centre su dinero en lo que más produce para su negocio. El *outsourcing* es una buena opción para esta época y para reducir espacios físicos, aunque debe analizar con mucho detalle su costo-beneficio, así como el bienestar de sus empleados.

> La palabra clave, con crisis o sin ella, sigue siendo: *innovar… innove, innove, innove*

14. COMUNÍQUESE MEJOR CON SUS CLIENTES

El telemarketing ha resultado ser una de las industrias que más ha crecido en el mundo. Si su empresa es pequeña o mediana y aún no tiene un buen sistema de comunicación con sus clientes, desarrolle un área de telemarketing para aumentar la relación con sus clientes para estimular las ventas, la cobranza y el asesoramiento. El área de telemarketing es crucial ya que sus vendedores no tienen el tiempo y es físicamente imposible duplicar la comunicación con presencia física; ello le permitirá tener más clientes con promociones planeadas.

Las páginas web bien diseñadas son otro recurso de comunicación que usted necesita. Con ellas define cuándo comunicar información útil a sus clientes y a clientes potenciales.

15. PIENSE EN CREAR HOMME OFFICE

Considere la posibilidad de que algunas de las áreas de su empresa puedan comenzar a trabajar desde su casa y que les permita reducir su espacio físico. Con ello podrá ahorrar en mantenimiento de autos, gasolina y tiempo de las personas en transportación, luz y energía. La oficina virtual será una buena opción de reducción de costos.

16. Diseñe nuevas formas de compensación

Deberá rediseñar el sistema de compensación variable alineado con la contribución directa con los costos y eficiencia de la operación y los resultados de sus áreas. Ya no es posible compensar a todo el mundo sólo porque la empresa ha alcanzado sus utilidades. Deberá medir cada persona por su contribución directa a los resultados del área previamente definidos. En 2009, las personas deberán tener una conciencia de sobrevivencia de su organización y de ellas mismas en sus puestos. Por lo tanto, la medición y los compromisos con los resultados deberán ser algunas de las acciones cruciales para mejorar la productividad de su operación.

17. Fortalezca su posición de poder

No haga pruebas en aquellos mercados que no domina. Fortalezca su posición de poder en las zonas, mercados y productos en los que usted domina; defina tanto un tipo de servicio que nunca antes había considerado, como una estrategia de consolidación más que de crecimiento. Recuerde que 2009 será un año de sobrevivencia financiera. El crecimiento de la economía de México será de 0%. Con ese pronóstico no se preocupe si no logra crecer en unidades de ventas, pues debe crecer en consolidación y en recuperación de cartera como nunca lo había hecho en su historia. En 2009 no podrá apalancarse y financiar sus ventas, sólo será posible el crédito para algunos tipos de productos en los que tenga mayor rentabilidad. Solicite crédito solamente para ventas en las que tendrá una rápida recuperación.

18. Desarrolle el sentido de urgencia

Diseñe estrategias en las que pueda actuar rápidamente y producir, entregar y recuperar de inmediato. Reaccione con rapidez a los movimientos de sus competidores y sea más ágil; no deje pasar el tiempo. Mercado que pierda, mercado que no podrá recuperar. Las ofertas de los competidores serán devastadoras y los descuentos resultarán incomprensibles, con tal de retener un cliente en época de crisis. Analice todas sus acciones como una estrategia financiera que le permita mover el dinero y mantener una cartera sana. No financie clientes, porque será muy peligroso, ellos tendrán, como usted, muchos proveedores al acecho.

19. Diseñe promociones inteligentes

Si antes hacía promociones para dinamizar ventas, hoy tendrá que duplicar el volumen de promociones. Muchas empresas definen sus objetivos de ventas, como piso, el mínimo a lograr sin utilidades con cero crecimiento. Muchas de ellas no pretenden ganar dinero durante 2009. La clave es su sobrevivencia financiera. Por lo tanto, deberá estimular a sus clientes con muchas promociones premiando, dando puntos, bonos, regalos, o cambiando el modelo tradicional de sus promociones. Haga algo que nunca antes haya intentado.

20. Realice ventas cortas

La economía de 2009 no le permitirá vender mucho volumen por cliente. Es mejor vender poco, cobrar rápido y surtir de nuevo. Sus vendedores deben diseñar ventas inteligentes. Como se mencionó anteriormente, tenga nuevas presentaciones con un precio de venta al público más bajo para que el consumidor pueda comprarlo sin sentir que gasta mucho. Es mejor que sus consumidores o clientes compren más frecuentemente aunque el volumen de ventas sea menor; la clave es rotar su inventario y recuperar cartera.

21. Servicio, servicio y servicio

Si usted piensa que da buen servicio, no se lo crea. No compare el servicio con lo que los demás competidores hacen en el mercado por los clientes, o con lo que antes no hacía. Hoy tiene la obligación de revolucionar el servicio y hacer lo que nunca antes había hecho por un cliente. Los clientes deben sentir que comprarle a usted es una experiencia inédita en México. Muchos empresarios no dan mejor servicio porque argumentan que es muy costoso. Hoy el costo más caro es el cliente que se nos va, porque ya no regresará. Hay muchos ahí afuera seduciendo su cartera de clientes, en especial sus mejores clientes. El nuevo servicio que proporcione deberá cambiar la forma en que el cliente se relaciona con usted. Descubra cómo cambiar la vida de sus consumidores y de sus compradores, pues ello marcará una diferencia competitiva difícil de imitar.

22. Su dinero está en la calle

A usted que lee este libro y es un comerciante que atiende al público le advierto que tendrá menos clientes que entren en su negocio. En 2009 los clientes serán interceptados antes de que entren en una tienda. El cliente será bombardeado de tal forma que usted ya no podrá abrir sus puertas, matar las moscas del día anterior y esperar que un cliente leal entre o que el teléfono suene.

Seguramente va a sonar menos y van a entrar menos clientes leales, quienes serán embalsamados en el museo histórico. En 2009 debe considerar que 70% de sus ingresos provengan de una estrategia comercial que busque clientes en su zona de influencia. Si usted tiene una papelería, deberá salir a la búsqueda de clientes;  si vende zapatos, deberá considerar si su negocio puede incursionar en la venta por catálogo o internet.

23. Diseñe marcas libres

La economía de 2009 será comprar lo mismo con menos dinero. La inflación y la desaceleración del mercado requieren que usted piense distinto. Se le sugiere que haga productos marca libre a muy bajo precio, con lo cual tendrá más oportunidades: es un diseño de negocio que cada día crece más y ya es aceptado por los clientes.

24. Haga productos de calidad

Durante años se han hecho productos de bajo precio con poca calidad. Hoy el reto es hacer productos con calidad a bajo precio: es una ecuación que los empresarios deben aprender. Los chinos lo han aprendido, India también y todos lo países emergentes. No se quede fuera de esta ecuación: alta calidad con precios bajos, ni justifique la baja calidad porque el producto lo compra el segmento de menor poder adquisitivo del mercado. Ellos quieren calidad a bajo precio y es un nicho de millones de compradores. No se lo pierda.

25. Aumente su velocidad de respuesta

En época de crisis, la velocidad es el mejor aliado que tiene para impactar a sus clientes. Tome área por área de su empresa y premie la reducción de tiempos en todo: en solución de problemas, facturación, compras, distribución y entregas, así como en producción, servicio, y atención a clientes. Su negocio debe ser más rápido. Premie todo el tiempo, reconozca siempre las reducciones en tiempos y publíquelas; mídalas en toda su empresa y cuantifíquelas económicamente: deben hacer más con los mismos recursos disponibles.

Si usted aplica algunos de los 24 consejos anteriormente expresados, reducirá los costos significativamente y hará más con menos. Esto redundará en una reducción de sus costos de operación y un incremento de productividad. Pocos pueden igualar ese diferenciador de la noche a la mañana.

26. Aumente su base de clientes

En un mercado en recesión, la disminución del volumen de ventas por cliente disminuirá. Tenga cuidado en no caer en la trampa de sólo ofrecer descuentos tras descuentos para no perder sus clientes cautivos. Lo más importante será definir una estrategia de expansión de su volumen de clientes. Tener sólo una estrategia de descuentos será a la larga una estrategia suicida: finalmente, tendrá menos clientes y menos utilidades, es decir, el crecimiento horizontal en el mercado será la clave. Para ello, aumente el número de clientes, lo que le permitirá tener una posición de mercado más sólida cuando la economía en 2010 comience su recuperación. No se debilite con el deseo de mantener una estrategia agresiva de expansión de volumen por cliente. Le recuerdo que hoy no hay cliente pequeño, pues todos cuentan.

27. El consumidor tendrá otras motivaciones de compra

La atención del consumidor estará enfocada en el precio más que en las marcas. Es el momento de gran oportunidad de sus productos *commodities*, cuya marca no sea muy conocida. Sin importar el nivel socioeconómico, la gente verá primero el precio y luego la marca. Tenga en cuenta este principio cuando lance sus promociones.

> **Consejo**: reúna a su equipo de trabajo y definan cuál de las tácticas puede aplicarse en las siguientes condiciones:
>
> • En el corto plazo.
> • Que esté en sus manos.
> • Que tenga alto impacto.
> • Que tenga baja inversión.
>
> Cuando tenga la solución trabájela de inmediato con sentido de urgencia y no pierda tiempo. En época de crisis, el tiempo correrá en su contra si no actúa de inmediato.

Antes las empresas grandes absorbían a las pequeñas, pero en época de crisis las empresas rápidas acabarán con las lentas

CAPÍTULO 4

Chateando con 41 emprendedores y empresarios en época de crisis

Éste es un capítulo muy especial y con gran valor práctico. En él se atienden los cuestionamientos generales y las preguntas concretas que hacen todo tipo de empresarios, medianos y pequeños en su mayoría. Conforman un muestreo muy significativo porque se refieren a temores, situaciones y problemas concretos que ante la crisis muchos compartimos. Las respuestas, transparentes e irrebatibles, incitan siempre al cambio de mentalidad y a la acción sustentada que necesariamente tendrá resultados positivos. Todos los ejemplos son aplicables a modelos de negocio semejantes, de ahí el gran provecho que los lectores pueden obtener de ellos.

> En los momentos de crisis, sólo la imaginación es más importante que el conocimiento.
>
> ALBERT EINSTEIN

Deseo compartir con el lector algunas de las preguntas que recibo diariamente de empresarios o personas que, iniciando su negocio, se enfrentan a la incertidumbre del mercado actual. Por ello, presento consejos que seguramente le permitirán evaluar diferentes opciones ante la crisis más severa que hayamos enfrentado en muchos años. Consideré 41 tipos de empresas que solicitaron consejos, aunque cuento con más de 7 200 peticiones por parte de compañías y negocios de todo tamaño, y aumentan cada día. Espero que en las respuestas el lector encuentre ideas que pueda asociar con su realidad de negocio. No espere encontrar su mismo giro, es necesario que asocie los consejos con la realidad que usted vive. Si no es así, escríbame al correo electrónico mario@borghino.com.mx

Preguntas y respuestas

1. Mantenimiento industrial

P.: Señor Borghino, leí su libro *Innovar o morir*, es excelente. Tengo un problema: el financiamiento. Firmé tres contratos de mantenimiento industrial con el gobierno federal por un monto de 100 millones de pesos. En estos contratos no me dieron anticipo; tampoco soy susceptible de crédito por una deuda que tengo. Mi problema ahora consiste en cumplir estos contratos antes de que me pongan multas. ¿Qué puedo hacer?

R.: Si usted no es susceptible de crédito por sus deudas, es necesario que busque un inversionista que acepte ganar una utilidad menor en el proyecto. No debe abandonar su compromiso porque a largo plazo afectará su relación con la institución. Es mejor ganar una porción de la utilidad que tratar de obtener 100%. Cuide a su cliente: en 2009 serán escasas las oportunidades. También le sugiero diversificar su cartera lo más posible para que no sea presa de un sólo cliente importante, y menos del gobierno, que se demora mucho para pagar. Para mantener a clientes grandes, usted necesita financiamiento y obtener utilidades con una gran cantidad de clientes más pequeños, por lo que le sugiero que amplíe su cartera con clientes más pequeños que le aseguren una mejor recuperación. Ello le permitirá crecer horizontalmente en el mercado a partir de nuevos segmentos de clientes.

> La crisis de hoy es el chiste de mañana

2. Despacho de abogado

P.: Soy abogado y tengo un despacho del área corporativa. Tengo varios clientes, pero quiero incrementar mi participación ampliando mi cartera. Ya que no es bien visto por el gremio de abogados anunciarse y recurrir a la publicidad como cualquier empresa mercantil, ¿qué debo hacer?

R.: No se preocupe por cuán bien o mal se vea su promoción. Le aconsejo utilizar internet y constituir un área de *call center*; puede comenzar con una persona profesional que le permita dos cosas: estar en contacto con sus clientes tantas veces como usted quiera, e informarles sobre los últimos temas relacionados con sus servicios. En muchos países, abogados, psicólogos y agentes de seguros utilizan el servicio de consultas y solución de problemas vía internet. El costo para el cliente es menor y las probabilidades de ampliar su cartera es enorme. Para ello, debe contratar a un experto que le diseñe una buena y atractiva página web.

3. Franquicia de restaurante

P.: Deseo abrir una franquicia del giro de restaurante y bar; sin embargo, con esta crisis financiera me da temor invertir mi capital y que no resulte. El administrador de la franquicia me dice que en los estados donde han abierto les ha ido muy bien. Mi idea es abrirla en Mazatlán; este puerto es básicamente visitado por estadounidenses y canadienses. Agradecería su amable y atinado consejo.

R.: No es muy aconsejable abrir este tipo de franquicia durante 2009, hay algunas de comida rápida y bajo precio que requieren de una inversión menor. En 2009, el turismo puede bajar más de 20%, por lo que le aconsejo que contrate los servicios de un experto en mercadotecnia de la zona que le haga un estudio de viabilidad antes de arriesgar su dinero. En la asociación de Franquiciatarios de México le pueden ayudar para esta asesoría. Por lo pronto, yo no invertiría absolutamente nada antes de consultar a un experto en el tema.

> "Lo peor es que el empeoramiento empieza e empeorar"
> **MAFALDA**

4. Comercio de compraventa

P.: Hola, señor Borghino. Me dedico a comprar y vender chatarra de fierro desde hace 15 años. Somos una empresa constituida, sólida. Hace escasos tres meses el precio por kilo se vendía en 4 pesos y ahora se vende en un peso. Mis compras disminuyeron en 75%; por lo tanto, estoy desesperado. No sé qué hacer, ya que los precios siguen bajando; he platicado con otros colegas y su situación es la misma. ¿Qué me puede aconsejar?

R.: Lo primero es reducir sus costos de operación y los gastos superfluos. Seguramente usted tendrá que considerar su negocio bajo otra visión. Su especialidad es la recolección de desechos. No se defina como vendedor y comprador de chatarra. Usted es recolector y vendedor de desechos. Le pido que investigue qué tipo de desechos existen en el mercado además de la chatarra; esto puede ser atendido por usted, dada su experiencia en el manejo de desechos. Recuerde que hay desechos industriales, electrónicos, orgánicos o inorgánicos. Si piensa de esta forma, puede utilizar su experiencia para ampliar su negocio y no reducir su ámbito de trabajo a la chatarra, que está en plena caída y muy competida. ¡Buena suerte!

5. Comercio de arreglo de ropa

P.: Tengo una tienda de arreglos de ropa, con muchos clientes de años. Entiendo que mi mercado es atacado por diversos competidores, desde un sastre hasta una señora sin empleo que cose por las noches. Mi elemento diferenciador es el servicio y he intentado entregas a domicilio, promociones al 2×1, 3×2, etcétera; sin embargo el público responde muy poco. ¿Qué debo hacer?

R.: Le aconsejo que lea mi libro *Innovar o morir*, ya que su negocio es muy sensible al precio. Si usted observa detenidamente, su "tienda de arreglos" puede complementarse con una lavandería y planchado de ropa. La idea es que usted atraiga gente con otros servicios. Segundo, las tintorerías son un buen recurso y puede ofrecer sus servicios en ellas. También puede buscar hacer arreglos de ropa fina en tiendas que están establecidas. Deberá crear un concepto que no sólo arregle, sino que también pueda vender por catálogo otros productos a sus mismos clientes: ahí los tiene cautivos, así que no sólo les atienda el arreglo. Haga promociones puerta a puerta a sus clientes y no espere que ellos regresen por lealtad y por servicio, porque ambos conceptos todos ya los tienen en mayor o menor grado. Amplié la visión de su actividad: usted no sólo debe arreglar ropa, vea más allá.

6. Restaurante

P.: Mi negocio se encuentra en Los Ángeles California; es 100% mexicano: hacemos tacos gourmet. Algo muy diferente y bien aceptado tanto por latinos como por estadounidenses. A partir de agosto de 2008, fecha en la que inició esta terrible crisis, las ventas han venido decreciendo paulatinamente. La calidad es la misma, los precios no los he aumentado, pero la clientela dice no tener dinero; no creo en la promoción a través de folletos, ya que si la gente no viene es porque no tiene dinero. ¿Qué puedo hacer para estar en el mismo nivel de antes? Gracias.

> "Mi mamá dice que la vida es como una caja de chocolates, nunca sabes lo que te va a tocar"
> FORREST GUMP

R.: Le informo que en Estados Unidos la caída del consumo es hoy de 4%. El crecimiento de la economía norteamericana ha disminuido sin parar en los últimos 11 meses. El estadounidense tiene menos dinero para gastar y 2009 será muy severo; pero en un mercado contraído sí puede cambiar la forma en que hace dinero con su negocio. Por lo que menciona, tiene un comercio donde los clientes vienen a usted. A partir de hoy espero que usted salga a buscarlos. Comience a ofrecer en su zona de influencia los "tacos gourmet" para fiestas, reuniones, cenas a domicilio, incluso para oficinas. Ponga un *call center* que llame y envíe correos a casa y oficinas de su zona. Diseñe una página electrónica sencilla ofreciendo su comida. Por lo tanto, póngase como objetivo para 2009 que 70% de sus ingresos provenga de clientes que no lleguen a su comercio, sino que usted los busque. También recabe información sobre los clientes que hoy visitan su negocio y hágales un seguimiento permanente.

7. Publicidad

P.: Señor Mario, soy contador público. Quisiera saber cómo mantenerme a la vanguardia en mi negocio; me dedico a la publicidad comercial. Hace 12 años no existía tanta competencia. Tengo entendido que una de las respuestas es el tiempo de entrega y la calidad; pero, ¿qué más puedo hacer para innovar y tener más trabajo?; cada día hay menos por la crisis. Espero verme favorecido con su respuesta y alguna solución posible. Saludos.

R.: Dado que su negocio, como muchos, está sobresaturado de competidores a muy bajo precio, no sólo deberá ofrecer publicidad sino también diseñar un nuevo concepto de mercadotecnia y publicidad que le permita distinguirse entre la masa de ofertas que hoy existen. Actualmente la nueva tendencia es crear marcas emocionales. En su caso no debe competir con los grandes; su opción es la búsqueda de pequeños nichos diferenciados en los que pueda tener un buen margen por su novedad. Por ejemplo, un joven publicista hizo una propuesta de publicidad para todas las señalizaciones de la ciudad de México: su idea es que todas las señalizaciones serían gratuitas para el gobierno y pagadas por los muy pequeños anuncios que tendrían estas señalizaciones de calles. Puede ser una idea un poco descabellada, pero a partir de ahí usted debe construir sus futuras ideas: cuánto ahorrarán con su publicidad, cuánto venderán, cuánto crecerán, etcétera.

8. Consulta general

P.: En este ambiente de crisis de liquidez financiera e incertidumbre en los negocios y falta de empleos, ¿considera adecuado recomendar el uso de presupuestos, especialmente los operativos, para los negocios? Saludos y gracias.

> En esta vida hay cosas mucho más importantes que el dinero... pero cuestan tanto

R.: En el mundo de los negocios, cuanto mayor sea la incertidumbre más será la necesidad de definir un plan estratégico y un programa de actividades controlado minuciosamente. En épocas de crisis sólo podemos controlar aquellas variables que están en nuestras manos, pues los factores externos son incontrolables; por lo tanto, obligadamente usted debe tener eficiencia operativa y control del proceso estratégico. El objetivo debe ser su excelencia en la ejecución, claridad en los objetivos por área y un sistema rígido de rendición de cuentas y medición de resultados que le permita ser más eficiente y con bajos costos de operación.

9. Venta de artículos eléctricos

P.: Hola, muchos saludos. Le comento que mi negocio es de venta de artículos eléctricos. Marcha bien, únicamente que no sé verdaderamente si puedo seguir ofreciendo financiamientos a mis clientes con las mismas tasas y condiciones de hace tres meses, o si deba esperar a conocer la reacción del mercado mundial y la de México.

R.: Es necesario que en estos momentos sea cauteloso. Hasta que pase el primer trimestre de 2009 no tome decisiones arriesgadas. Le aconsejo que durante los próximos 12 meses realice ventas sanas, es decir, aquellas que le permitan recuperar su cartera rápidamente. No es tan relevante aumentar el volumen de unidades de ventas; en este momento la recuperación de su cartera es lo único que importa. En un mercado con una drástica desaceleración para 2009, hoy la clave del juego es cobrar, no sólo vender.

10. Consulta general

P.: ¿Cuál es su principal consejo para los micro y medianos empresarios ante momentos como el que vive el país?, y ¿cuál es su pronóstico en cuanto a la situación económica nacional e internacional para 2009?

R.: El año 2009 se observa con una recesión severa en Estados Unidos, por lo que México se verá muy contraído. Para este año le aconsejo observar cuatro variables: remesas, que no disminuyan más de 10%; turismo, que no disminuya más de 25%; petróleo, que no disminuya más de 30% el precio que tenía anteriormente; y exportaciones, que no disminuyan más de 10%. A su vez, le aconsejo observar que el dólar quede a menos de 12.50 pesos. Cualquiera de estas variables influirá en la inflación y en la disminución de la demanda de productos de servicios. Puede usted predecir que habrá una disminución entre 2 000 y 3 000 millones de dólares de ingresos en el país. Le aconsejo tener prevención y austeridad en todos los órdenes de su vida.

11. Agricultor

P.: Mario, sé de buena fe que usted es un buen consultor de empresas y/o ejecutivos; lo conocí en Chihuahua en Unión Progreso. Mi pregunta es: ¿en qué puedo invertir mis ahorros si ya no puedo sembrar? Toda mi vida he sido agricultor. Gracias anticipadas por su respuesta.

> Lo bueno que tiene esta crisis es lo malo que se está poniendo

R.: Dado que toda su vida ha sido agricultor y conoce su negocio, su capital el día de hoy es fundamentalmente lo que sabe. Todo eso que aprendió durante toda su vida en la agricultura es un capital más poderoso que el que tiene en el banco. Por ello, le aconsejo que sea intermediario de productores: usted conoce a los mejores agricultores, el mejor producto y el mejor precio. Ello le permitirá mover su dinero en la compra y venta de productos, actividades en las que usted es un experto. Sáquele jugo a lo que sabe para venderlo en el mercado consumidor. Con su experiencia y conocimiento puede construir una comercializadora exitosa.

12. Fábrica de herramientas

P.: Tengo una empresa familiar dedicada a la fabricación de herramientas para la industria automotriz; también damos asesorías a dichas líneas de producción. En esta crisis, el mercado automotriz fue el primero en verse afectado y también nuestras operaciones. Si consideramos que el sector automotriz es una rama amplísima, pero también sumamente sensible a las crisis, ¿tiene alguna idea acerca de cuáles serían mis opciones? ¿Qué puedo hacer? ¿Diversificar, ampliarme?

R.: El primer consejo es la reducción de costos superfluos de su actual operación. Me refiero a costos y no a reducción de gastos; eso significa que tendrá que restructurar su negocio para producir más con menos. Revise minuciosamente todos sus procesos de manufactura y administración que fue construyendo con los años; seguro hay dinero ahí. Segundo, deberá diversificar inmediatamente su negocio, ya sea aumentando la cartera de clientes o aumentando la cantidad de venta por cliente que tiene actualmente en su cartera. Identifique qué otros segmentos, además del automotriz, pueden utilizar su tipo de herramientas con ciertos cambios en su aplicación. Utilice la tecnología que domina para crear herramientas para nuevos segmentos de mercado; no intente sólo crecer en el que se encuentra.

13. Distribuidor de zapatos de China

P.: Quisiera que me diera su opinión: ¿qué debemos hacer cuando hemos traído una distribución de China durante cinco años? Nuestro cliente mas importante (87%) es Walmart, pero ahora ellos le compran directo a mi proveedor en China. No sé qué hacer.

R.: En estos días, el mundo de la distribución de zapatos e inclusive de ropa tiene esa vulnerabilidad. Lamentablemente, se acabó la época en que se podía tener una distribución sólo porque contamos con un solo cliente que nos compra. Hoy el mundo es virtual e interconectado. Las representaciones que conozco se mantienen porque tienen cadenas de tiendas propias, venden a tiendas departamentales y también a Walmart en todo el país, es decir, están diversificadas. Pero un negocio construido con un solo cliente ni siquiera puede llamarse negocio, sino que únicamente es una representación. Debe considerar para el futuro tener una representación que pueda ser vendida a otros canales y en todos los rincones del país. Debe agregar diversidad de zonas y puntos de ventas para construir una empresa sólida.

14. Fabricante de ropa

P.: Hola, mi empresa es nueva y estamos desarrollando una línea de ropa innovadora para el segmento alto. Lanzaremos un marketing muy fuerte. Sé que los artículos de lujo están bajando su consumo. ¿Cree que es viable seguir con el proyecto?

> Dijo un inversionista:
> "Esta crisis es peor que el divorcio..."
> "¿Por qué?",
> se le preguntó.
> Contestó:
> "Porque ya perdí el 50% de mi patrimonio y mi esposa sigue en casa..."

R.: El mercado en el que usted desea incursionar se denomina de *Nuevo lujo*. Es un mercado muy atractivo por el margen que se obtiene y porque no hay muchos competidores. La única condición para este mercado, semejante al de Gucci, Ermenegildo Segna, Hugo Boss y otros, es la necesidad de una imagen de marca. Otra característica de este segmento es que el producto se debe ver caro y no sólo serlo, para que justifique al cliente pagar un sobreprecio; pero el factor más relevante es la marca. Si lo observa bien, casi todos esos productos tienen algo visible que los distingue, o exhiben la marca por fuera, como las bolsas *Louis Vuitton*. La gente que ve la prenda debe saber que lo que usted compró es caro y debe promoverse con el nombre. Le aconsejo tener en consideración este factor de marca, ya que en 2009 la demanda bajará y su producto puede ser una opción de alta calidad, pero de precio bajo en ese segmento.

15. Comercio de cancelería

P.: Tuve un negocio de cancelería de aluminio hasta que lo cerré hace cinco meses. Durante siete años fui proveedor de una constructora y nos redujeron las órdenes de compra. ¿Qué me aconseja usted? Debido a la situación que impera, ¿cree que deba dirigirme a representar a alguien de Estados Unidos o de Canadá?

R.: En principio quiero decirle que usted nunca tuvo un negocio, sino un producto que vendía a una constructora, es decir, tuvo siempre un barco con un solo remo. Es una lástima que en siete años no haya buscado productos adicionales para vender al mercado cautivo que ya tenía. Segundo, debió abrir muchos clientes y no estar atado a uno solo, lo que fue suicida en su caso. Hoy tendría un negocio más sólido con el que podría soportar la caída del mercado al poseer varios remos que lo sostuvieran. En cuanto a buscar distribución de Estados Unidos o Canadá, considero que los estadounidenses estarán desesperados por vender durante 2009. Hoy el mercado es del comprador, por lo que podrá obtener condiciones que antes no tenía, dada la situación. Pero, por favor, no cometa el mismo error de navegar un barco con un remo, porque le garantizo que le va a ir muy mal.

16. Franquicia

P.: Vivo en Estados Unidos y estoy buscando la mejor opción para establecer un negocio por acá. Quiero abrir una franquicia de comida rápida (pizza), un restaurante o un taller mecánico, pero no tengo experiencia en estudios de mercado. ¿Cómo puedo conseguir información sobre cómo tomar la mejor decisión acerca de qué negocio escoger?

R.: Lo primero que debe hacer es ir a la asociación de franquicias de su zona y solicitar información de los asesores en este ramo. En México hay muchos al respecto; seguro donde usted vive también. El potencial del negocio con relación a la zona es más importante que el dinero que va a gastar en la franquicia, ya que si se decide por lo que a usted le gusta, seguro no tendrá ningún éxito. Los negocios deben ser racionales en un mercado saturado de gente que vende pizzas u otras franquicias de comida rápida. Lo único que le aconsejo es que no decida nada hasta que no tenga la asesoría de un experto en análisis de mercado, además de que debe consultar a varios; esto se asemeja a la consulta médica: es muy inteligente pedir varias opiniones. También le aconsejo que considere la alternativa de los negocios de redes o de multiniveles si tiene habilidad en ventas. El fracaso número uno de los emprendedores que inician su negocio es abrirlo sin haber medido la viabilidad y potencial del mismo.

17. Importador

P.: Buenas tardes, gracias por la oportunidad. Mi negocio iba bien: estable por más de 10 años gracias a la estabilidad del peso-dólar. Compramos productos de odontología. La reciente devaluación del peso nos golpeó fuertemente, pues los servicios que adquirimos son en dólares, tienen que ser forzosamente en dicha moneda. De golpe incrementaron mis costos de operación 30%. Dada la inevitable caída de remesas, turismo e ingresos por petróleo que va a sufrir México en los próximos años, ¿considera que un tipo de cambio de $13.00 sea realista para los próximos cinco años? Pregunto esto porque puedo amarrar contratos a futuro y darme estabilidad en el negocio.

R.: Primero, si usted compra directamente desde Estados Unidos, considere que los estadounidenses tampoco tienen ventas, por lo que le pido que tome el avión y negocie con ellos un descuento especial si es que usted tiene ventas en México. Si así fuera, usted tendría el control de la negociación. Seguro podrá obtener algo adicional; especialmente pida tiempo para los pagos. El tiempo será su salvación. En cuanto al dólar, las grandes empresas que conozco no ponen al dólar más que a $12.50, pero en el momento actual esto resulta muy especulativo: el valor actual es de más de $13.00 y en cualquier momento puede subir, por lo que le pido que no tome ninguna decisión hasta el fin del primer trimestre de 2009. No haga ningún compromiso en dólar fijo. Eso mismo fue lo que hizo Comercial Mexicana: le apostó a un dólar barato y perdió. No especule hoy, sino que tome con calma decisiones de este tipo; es mejor negociar con su proveedor, quien estará todo 2009 desesperado por vender. Negocie con ellos para que le mantengan precios fijos, reducción de fletes, o que establezcan una bodega en México que usted administre y solicite plazos. Pida una extensión de su distribución a Centroamérica para aumentar el tamaño de su mercado, ya que el mercado local se le reducirá.

18. Venta de ropa

P.: Mi negocio se encuentra estancado y mis inventarios están saturados. ¿Qué puedo hacer para promover o activar la venta de la ropa masculina que vendo?

R.: El negocio de la ropa es definitivamente de los más contraídos: ha tenido un crecimiento negativo de 15%, por lo que ya no es posible llenar de inventario a la tienda y esperar que venda. Hoy lo más probable es que le regresen todo lo que no vendieron y que usted, con sus gastos fijos, no pueda sobrevivir. Necesita complementar su esquema tradicional de ventas con un esquema comercial más agresivo y dinámico, que rompa con el modelo ancestral de vender a una sola tienda como su canal de ventas. Tendrá que hacer uso de su inteligencia creativa, pensar en ventas por catálogos, en ventas directas con vendedores jóvenes o jubilados, en ventas como Avon o en ventas vía internet con entregas sin costo, y hacer negocios con los tianguis. No olvide que es mejor tener las prendas en las tiendas que encerradas en sus bodegas. Es mejor mover el dinero que querer ganar y no vender. Diversifique su mercado a otras zonas del país e inclusive fuera del país, pero no se le ocurra ir a Estados Unidos por ahora, excepto si ofrece precios más bajos que los de ellos.

> Con la crisis, ahora duermo como bebé… Cada dos horas me despierto y lloro

19. Cibercafé

P.: Tengo cuatro cibercafés, pero, ante el desorbitado aumento de competidores que se ha presentado en este tipo de negocios, ¿qué puedo hacer para "levantar" mi pequeña empresa, que es familiar? En cada localito tenemos seis PC y, obviamente, tenemos que vender cafés, refrescos y dulces.

R.: Primero debo decirle que su tipo de negocio es muy competido porque tiene poco capital de riesgo y se maneja con escaso personal. Por lo tanto, es de esperarse que mucha gente tenga dinero para abrir un negocio de ese tipo. El secreto es que usted haga algo diferente. Cuando usted me dice que es obvio que vende café, refresco y dulce, me afirma que usted sólo concentra su negocio en las computadoras y lo otro es un adicional que no lo va a sacar, obviamente, del problema. Yo le aconsejo que piense en poner una escuela de computación con sus 24 computadoras. Venda CD, DVD, software y productos por internet, sea un proveedor de consumibles; haga un área de reparación de computadoras a domicilio, así como un inventario de la zona donde se encuentran sus cibercafés y realice una promoción directa todas las semanas; venda videojuegos a los jóvenes de la zona de influencia, y haga un club, también de jóvenes de la zona, que compitan con los juegos. En otras palabras, salga de su zona de negocio de cibercafé, expanda las oportunidades para los amantes de las computadoras e incursione en el mundo de la enseñanza.

20. Consulta general

P.: Actualmente, a nivel global, ¿cuál es el negocio que más podría generar estabilidad económica y emocional para un empresario?

R.: Su pregunta implica tanto como querer averiguar cuál será el número premiado en la lotería; pero, por ley de probabilidades, el negocio que puede tener más éxito es aquel que resuelva un problema a las personas, a los empresarios y a los usuarios. ¿Cuánto dinero cree usted que le pagaría un hotel por reducir 10% sus costos de operación? ¿Cuánto cree que pagarían Aeroméxico y Mexicana por un servicio que le permita reducir 1% de sus costos? ¿Cuánto pagaría un restaurante por reducir 5% de su desperdicio? ¿Cuánto pagaría Bacardí o Bimbo por reducir sus costos de distribución? ¿Cuánto pagaría cualquier empresa para reducir el costo de materia prima? Todo negocio que ahorre o permita ganar en un mercado deprimido como el de 2009 representará una buena oportunidad. Déjeme darle un ejemplo: tengo un joven amigo que les ahorró diesel a los barcos que van de Cancún a Isla Mujeres; esa empresa pagó gustosamente por una idea que le hizo ganar más dinero. Haga dinero haciéndole ganar dinero a otros. Ése es un buen negocio.

21. Renta de computadoras

P.: Hola Mario, buenas tardes. Soy un profesionista y estoy empleado en una empresa. Tengo dos preguntas: *a)* estoy planeando iniciar un negocio de renta de computadoras a estudiantes; ¿qué me recomiendas?; y *b)* estoy pensando en adquirir un crédito automotriz, ¿me recomiendas que lo haga o, dada la situación económica actual, es mejor que espere? Gracias. Saludos.

R.: En cuanto a su negocio creo que es bueno que tenga iniciativa de emprendedor mientras trabaja, pero le sugiero que amplíe su visión del mismo. El mercado estudiantil es un mercado de pocos recursos; necesita ampliarlo a reparación de computadoras de pequeñas y medianas empresas. También haga adiciones alrededor de la reparación, así como venta de consumibles y de equipos externos, como impresoras, pantallas, *no breaks*, etcétera. Con ello dará solidez al negocio. Su idea inicial es muy débil y tiene muchas probabilidades de fracasar. Asóciese con personas especialistas que tengan habilidades diferentes a la suya: programadores, técnicos en diseño publicitario, expertos en diseño de páginas, etcétera. En cuanto a la compra de su nuevo automóvil le pido que le diga a su ego que se espere un año más para pasear en un asiento nuevo. 2009 es el año de la austeridad mundial.

22. INTERNET

P.: Mario, hace tres años empecé un despacho dedicado al *e-commerce*. El negocio iba bien, pero desde hace un mes ha disminuido dramáticamente la contratación de servicios. Estoy muy desmoralizado, ya que el negocio está a punto de morir. He buscado incansablemente clientes y hemos bajado nuestros precios, pero no ha funcionado. ¿Me podrías dar algún consejo para sobrevivir a esta crisis? Gracias, Mario. Saludos cordiales.

R.: El negocio del *e-commerce* en México está aún en desarrollo y todavía no ha madurado, por lo que no es fácil tener éxito en él. La prueba evidente es que ni bajando los precios aumentan las ventas, lo cual te dice que la estrategia está mal. Seguramente tus productos no son los indicados. Es necesario que visualices tu negocio de otra forma. El *e-commerce* debe ser tu segundo negocio. Necesitas complementar de otra forma la comercialización de tus productos. Lo más lógico sería usar catálogos. Este modelo de comercialización te permite construir una red de vendedores ilimitada para tus mismos productos y en todo el país. El nivel de desempleo aumentará en 2009 y mucha gente necesita dinero adicional; tú puedes brindarle esa opción. Incorpora en tu lista de productos artículos de primera necesidad nada suntuosos; vende algo que se use para que luego necesiten de ti nuevamente y tendrás clientes cautivos. Necesitas hacer ventas repetitivas.

> ¡Alégrense! Según ciertos economistas, 2009 será el AÑO DEL CONSUMISMO: con-su-mismo coche con-su-misma casa y sólo si Dios quiere... con-su-mismo empleo

23. Maquiladora

P.: ¿Qué nos puede recomendar? Soy director de una empresa maquiladora, maquilamos camisas. Ante la crisis que tenemos y como nuestro mercado natural, el estadounidense, se empieza a cerrar, las ventas se nos están cayendo drásticamente.

R.: La maquila tiene esa particularidad: es muy dependiente de uno o dos clientes de Estados Unidos. Su vulnerabilidad radica en que depende de pocos clientes. Los caminos alternos para las maquiladoras son la diversificación inmediata para cubrir los costos fijos y el producto de volumen, pero proporciona un margen de utilidad muy bajo. Le aconsejo que tome el avión y visite clientes en la Unión Americana. Las probabilidades para usted pueden aumentar ya que puede hacer maquila de productos que antes no se hacían. Muchas empresas no podrán vivir con sus costos fijos en Estados Unidos y usted puede ser una opción. No olvide que puede maquilar para cualquiera, por lo que le sugiero que vea Canadá o considere a empresarios europeos, donde el euro ha perdido terreno ante el dólar: tendrán la necesidad de poseer una planta cerca de Estados Unidos y usted la tiene.

24. Supermercado

P.: Hola. Tengo con mi esposo un súper con más de 15 años en el centro de León, Guanajuato. Con la crisis, las ventas se han caído, pero también nuestro problema fue que en enero de 2008 Soriana abrió una tienda cerca de nosotros y los clientes ya no vienen como antes. ¿Qué hacemos?

R.: El problema que usted tiene es grave: está relacionado con el nuevo crecimiento de los supermercados en todos los rincones del país. Ni haciendo nuevas promociones o bajando los precios, logrará reconquistar a sus clientes. El problema es que su ubicación física ya perdió fuerza al tener a Soriana en la esquina. Le sugiero que cambie de estrategia. Comience a buscar lugares donde pueda abrir otro súper en zonas alejadas del centro de la ciudad, ya que esos perímetros pertenecen a los grandes supermercados, los cuales no van a instalarse en las zonas suburbanas de las ciudades. Ahí es donde puede usted tomar ventaja. Otro factor es que, en zonas marginadas, el súper se usa como las viejas tienditas y la gente compra lo que necesita para el día o para los próximos días, no para el mes. oxxo entendió la nueva tendencia y ha logrado crecer vertiginosamente al mover sus tiendas hacia las zonas suburbanas. Haga usted lo mismo: la oportunidad es grande y podrá vender con mayores márgenes que en el centro de la ciudad.

25. Fabricación de artesanía

P.: Desde hace 12 años estoy en el negocio de fabricación, venta y distribución de artesanías y muebles típicos mexicanos en general. En esta época en que estamos entrando en una crisis económica global y siendo la artesanía un artículo "no prioritario" para el consumo, ¿qué debería hacer?

R.: Su negocio tiene varios años de experiencia y ha pasado por muchas crisis. Sin duda, la que hoy vivimos tiene una profundidad sin precedentes, por lo que su estrategia no puede ser sólo ahorrar o bajar precios. Su producto, como usted dice, no es prioritario y su valor lo determinan otras fuerzas del mercado diferentes. Le aconsejo buscar nuevos canales de distribución en todo el país, a través de negocios que estén constituidos y consolidados, que le permitan ofrecer sus productos a los clientes de dichas empresas, por ejemplo, negocios que venden otros artículos pero que tienen clientes a los que les puede vender su tipo de producto. De manera que éste puede transformarse en un producto complementario para ellos y para usted en un canal nuevo que hoy no tiene. Le aconsejo que tenga presencia en todos los rincones del país a través de esta estrategia de asociación con negocios ya establecidos en los que coloca sus productos. Esta estrategia le ahorrará dinero, ya que no tiene que invertir en una sucursal y la colocación de sus productos en todo el país sería inmediata. Es necesario que abra una buena página de internet y se promueva. Debe hacer promoción en todas partes, busque un representante. El mundo fuera de México es el mejor mercado para usted.

26. Agencia automotriz

P.: Hola, Mario. Tengo varias agencias de autos. Sólo quiero plantearte dos preguntas: ¿qué debo hacer para tener más clientes? ¿Cómo puedo parar la caída de las ventas?

R.: Primero usted debe aceptar que está en el mercado que puede ser considerado el centro del huracán. La caída más grande de ventas después de los bienes raíces es el ramo automotriz, lo cual nos lleva a considerar que el modelo tradicional de ventas de autos está llegando a su fin. Aquellos que hace algunos años tuvieron la visión de cambiar el diseño de agencias automotrices por un negocio financiero están hoy en la cima de la pirámide. La venta de cuotas a través de una financiera o banco propio es la clave. El ejemplo más claro ha sido la empresa Autofin, al definirse como financiera vendedora de cuotas. Esto también lo puede llevar a ampliar su negocio a otras ramas que se venden de igual forma, como casas, camiones y autobuses, en general todo lo que requiera una cuota accesible. Elektra lo entendió hace años y ahora vende motos y carros. El secreto es transformar su negocio en una financiera vendiendo cualquier tipo de auto con el sistema de crédito que el cliente necesite, no el que usted tenga. Le aconsejo también establecer un sistema robusto de CRM, es decir, crear un programa de lealtad de clientes (en el cual reciban bonos y beneficios), tener un control estricto de su cartera, mantener una comunicación cercana con ellos, resolver problemas a sus clientes y hacer que puedan comprar fácilmente sus productos. No deje prospecto o cliente sin que se registre en su empresa.

27. Médico cardiólogo

P.: Soy médico cardiólogo y tengo una pequeña clínica donde atiendo pacientes y practico análisis clínicos y pruebas de esfuerzo. ¿Qué más puedo hacer para crecer?

R.: El negocio médico está teniendo en México una de las mejores transformaciones que pocos giros registran. La oportunidad es enorme. El negocio de clínicas ambulatorias ha sido uno de los más exitosos. Le recomiendo reforzar su clínica con tecnología

> Así se define en época de crisis a un optimista: banquero que el domingo plancha sus 5 camisas

y hacer una alianza con médicos de su especialidad que vean la oportunidad de operar y realizar los análisis clínicos con usted. Es necesario que ellos tengan un beneficio en términos de costos y precios especiales. También puede crear una tarjeta que les permita identificar en su base de información la frecuencia de sus cirugías y de sus análisis; le aconsejo tener a los mejores médicos, seleccionados por usted, en una clínica con imagen de calidad, alta tecnología y especialización. Su secreto está en saber crear una comunidad de médicos leales a su clínica.

28. Escuela

P.: Tenemos con mi familia una pequeña escuela primaria y secundaria en Tijuana. Nuestra escuela no tiene, como otras, grandes espacios para áreas de deportes, pero año con año ha crecido nuestra cantidad de alumnos. Hoy tenemos más de 100. ¿Cómo puedo reducir la caída de inscripciones de alumnos con padres que quieren un espacio de deportes que no tenemos? Gracias por su consejo.

R.: Los felicito por el crecimiento y por el tamaño de su escuela, a pesar de la limitación que me indica. Es indudable que el no contar con áreas de deportes debe ser compensada con otros atractivos para los padres. En su negocio lo más importante debe ser la selección de maestros de alto nivel con especialidad o maestrías en educación que tengan mejores ingresos; así podrá atraer docentes de este tipo en su comunidad. Deberá hacer una investigación con *focus groups* con los padres que tienen a sus hijos en su escuela y con aquellos que aunque no los tengan inscritos ahí, pertenezcan al área donde está ubicada. Esto le permitirá identificar las características que todos ellos desean de una escuela como la suya. Además, considere que los padres anhelan llevar a sus hijos a una escuela cercana a su casa. Deberá tener un diferenciador único que lo distinga del resto de las escuelas de la zona, no sólo en educación sino también en presentación de aulas y nivel académico, sino también en el cuidado y atención que se les proporciona a los estudiantes. Deberá aumentar la comunicación con los padres a través de información vía internet que les permita conocer el avance de sus hijos y la calidad de la educación. Otras escuelas han podido resolver el tema del deporte al hacer alianzas con instituciones que tienen áreas deportivas que pueden rentar.

29. Imprenta

P.: Tengo una imprenta que se dedica a imprimir productos populares, de alto consumo y bajo precio en todo el país; vendemos a través de distribuidores y de cinco sucursales que tenemos en diferentes partes del país. Las ventas han caído, pero los competidores han bajado precios, aunque con una calidad distinta a la nuestra. ¿Cómo puedo competir con ellos en esta crisis?

R.: El secreto de una imprenta es la cantidad de tiempo que utiliza su máquina, la cual debe trabajar 24 horas, pues se construyó para eso. La tecnología es otro elemento importantísimo para producir más con menos; pero lo más importante de los productos populares es la calidad a bajo precio, ecuación no muy fácil de lograr. Existe la histórica imagen de que un producto popular debe ser de baja calidad, pero esto ya no es así porque muchos empresarios compiten con su producto y usted debe diferenciarse. Su producto se debe ver único en calidad; para ello, usted requiere invertir sus utilidades en tecnología para reducir costos y mejorar su calidad de impresión. No caiga en el tradicional esquema de empresas pobres y dueño rico. En esta época de crisis le pido que mejore su esquema de compras de papel, dado que con la devaluación subió su costo 30 por ciento.

30. Seguros

P.: Poseo una compañía de seguros con mis hermanos, en la que tenemos más de 15 años trabajando como *brokers* y contamos con importantes empresas como clientes. Hoy nos enfrentamos a competidores que bajan más de 40% sus precios con tal de ganar una cuenta. Estamos destinados a no ganar casi nada para sobrevivir. Todos moriremos. ¿Qué podemos hacer?

R.: El problema del día de hoy, como mencioné en el capítulo anterior, es que estamos en un mercado donde muchos empresarios ofrecen productos y servicios similares y la guerra de precios es inevitable. Hoy, para competir en un mercado como el de 2009, en recesión y con una reducción sustancial de la demanda, son necesarias varias acciones: primero, reducir sus costos de operación significativamente; segundo, los gerentes tradicionales que administraban a sus vendedores bajo el aire acondicionado deben salir a la calle a vender y atender a los clientes 80/20 de su empresa (no los deje en manos de sus vendedores tradicionales); tercero, deberá cambiar para siempre la cultura de atender a sus clientes sólo al renovar su póliza; y cuarto, deberá atender con un *call center* a los asegurados para estar en contacto con mayor frecuencia. La presencia física ya no es suficiente, por lo cual necesita estar en contacto con sus clientes mucho más tiempo. El *call center* también debe tener la función de conseguir nuevos clientes. Compense su estrategia como sigue: primero, retenga a clientes; segundo, crezca en forma horizontal en el mercado (es decir, tenga más clientes nuevos) y tercero, crezca en forma vertical, o sea, venda más a cada cliente. Diseñe la campaña del 10% de incremento de ventas por cliente y 10% de nuevos clientes por zona y 100% de retención de su cartera. Esto le permitirá compensar la caída de sus ingresos.

31. Imprenta

P.: Vivo en Cancún y me dedico a la impresión de artículos para bares y restaurantes, como publicidad, servilletas, manteles de papel, volantes y revistas promocionales. A diferencia de cuando empecé, hoy la competencia es demasiada; ya no hay mercado para todos. ¿Qué debo hacer?

R.: La mayoría de sus productos son de venta repetitiva y de alto consumo; también son un producto que se usa en todo el país, no sólo en Cancún. Por lo anterior, creo que una gran oportunidad será diseñar una buena página de internet que le permita ofrecer sus productos a todo México. Con ello podrá también ofrecer la personalización de sus productos exhibiendo varias opciones de diseño predeterminado o diseños específicos con logotipos y letras para cada cliente. Con esta estrategia podrá producir en tres turnos y mantener un inventario que le permita hacer entregas de urgencia que pueden tener un valor distinto al de las entregas programadas. El servicio a cualquier parte del país será una gran oportunidad de crecimiento.

> Alguien encuentra a un conocido banquero en el tren y le dice: "Veo que a pesar de la crisis aún viajas en primera". El banquero responde: "Mis acreedores van en segunda y me los encontraría"

32. Inmobiliaria

P.: Tengo un negocio de venta de departamentos en una zona de San Antonio, Texas: son departamentos para compradores de muy bajo nivel. Casi todos son obreros o empleados. ¿Qué puedo hacer para mejorar mis ventas con esta crisis?

R.: Indudablemente, ante la crisis inmobiliaria, su situación es difícil, pero algunos desarrolladores han creado ideas que ayudan a resolver problemas. Varios desarrolladores inmobiliarios que conozco en Estados Unidos han creado un departamento que facilita los trámites de solicitud de créditos y de administración de la compra. También el método de ventas hoy ha cambiado sustancialmente: antes daban muchos descuentos y vendían, pero actualmente todos dan descuentos y mejoran ofertas. Han encontrado mecanismos ingeniosos con los que, en vez de dar más descuentos, entregan artículos del hogar como un beneficio de la venta: lavadoras de platos o de ropa gratis, refrigeradores, salas, televisores, etcétera; todo ello gratis si compran dentro de una fecha específica. Tienen un catálogo de ofertas que para el nivel socioeconómico al que usted se dirige es muy importante y atractivo. Muchos de ellos no tienen equipos modernos, mismos que pueden proporcionar un valor agregado significativo. Usted premia la compra. Recuerde que su objetivo debe ser la liquidez: si no gana, venda y no pierda, lo cual en la situación que se vive hoy resulta un buen negocio.

33. Comercio

P.: Tengo un negocio de ventas de artículos de regalo típicos de México en un hotel y varias tiendas de ventas de artesanías que fabricamos. Tenemos 15 años con el negocio. Las ventas no van muy bien por la baja del turismo en la crisis. ¿Qué puedo hacer para mejorar el negocio? ¿Debo cambiar de giro?

R.: La alternativa más viable para un negocio como el suyo es que comience a pensar cómo cambiar el marketing pasivo que ahora tiene y que le ha funcionado durante muchos años. Antes era suficiente con las ventas que producía gracias a los clientes que pasaban por su local. De acuerdo con esa concepción de negocio, la ubicación y la afluencia de posibles compradores era suficiente, pero hoy esto ya no funciona. El modelo pasivo de ventas se está acabando para productos tradicionales como los suyos, más aún en 2009. Es necesario que comience a cambiar su mentalidad y a pensar en que sus ingresos deben provenir de aquellas personas que nunca entrarían en su tienda. Debe salir a buscar mercado y tener sus productos en otras tiendas como las suyas. Debe tener un canal de ventas de sus productos en el que revendedores de todo el país los distribuyan. Y algo muy importante; debe abrir su mercado al mundo; como fabrica artesanías mexicanas, diseñe una página en los idiomas de los países que usted sabe que les atraen sus productos. Vaya a los viajes que hace Comercio Exterior para encontrar en otros países representantes de sus productos tradicionales. Piense también en diseñar una franquicia de su tipo de negocio: puede ser una opción en un mercado con mucho desempleo.

34. LABORATORIO CLÍNICO

P.: Me están ofreciendo un laboratorio de análisis clínicos en la ciudad de Toluca con más de 10 años en el mercado. ¿Cree que lo deba comprar ya que es un negocio muy bueno? Me da miedo la situación. Tengo otros negocios relacionados con la venta de productos para hospitales, como batas para quirófano y para pacientes, guantes cubrebocas, etcétera, en todo el país.

R.: Primero considero que si usted piensa diversificarse, me parece correcto comprar, pero le aconsejo que en 2009 no se arriesgue a iniciar nuevos negocios en los que no ha incursionado. Por lo que me dice, su empresa se encuentra en todo el país como proveedora de hospitales y clínicas. Creo que tiene una gran oportunidad de continuar su crecimiento en ese camino. Mi consejo es que siga creciendo en las fortalezas que tiene. No cambie su estrategia, más bien haga más dinero con lo que domina. Seguramente puede diversificar su línea de productos, al fabricar sus batas, guantes, etcétera. Piense qué otro tipo de negocios requieren productos fabricados de la misma forma. Vea que no le estoy diciendo que fabrique lo mismo, sino que utilice su capacidad para producir otros productos con la maquinaria que hoy tiene en su fábrica. Mi consejo es que no compre el laboratorio.

35. Odontólogo

P.: Soy un dentista que tengo mi consultorio. En mi clínica dental trabajan cuatro odontólogos, pero con el desempleo y la crisis, la gente viene poco al consultorio. Cada día tenemos menos clientes. La gente busca lo más barato o no puede venir. Ya trabajamos los sábados y más horas por día, y no puedo subir el precio de la consulta.

R.: Los profesionales tienen ese problema: la mayoría no se ven como empresarios, sino como profesionistas. El problema de ver su negocio como profesionista no le permite multiplicar su esfuerzo. Usted tiene ocho horas diarias físicas de trabajo y sólo puede atender a un paciente a la vez con su modelo de negocio actual. Eso significa que no podrá crecer; por ello, debe visualizarse como empresa que le permita atender a muchos pacientes al mismo tiempo sin que usted haga el trabajo directamente. Debe considerar integrar otros servicios de especialización que hoy no tiene. Todos los odontólogos del país tienen el mismo problema que usted, pero es posible que pueda integrar un grupo de especialidades dentro de un mismo techo administradas por usted. También piense en empezar a ofrecer sus servicios a las empresas. Usted podría tener un consultorio en cada empresa grande, atendiendo preventivamente a todos los empleados; ello le reduciría a la empresa la prima del seguro y disminuiría el ausentismo debido a problemas de urgencias por padecimiento de sus caries. Usted llevaría un control de la dentadura de cada empleado. Con ello puede tener muchas clínicas y múltiples odontólogos trabajando para usted, con lo cual cobraría menos y ganaría mucho más que hoy.

> Los economistas se la pasan seis meses presupuestando lo que va a suceder con la economía y seis meses explicando por qué se equivocaron

36. Agencia automotriz

P.: Señor Borghino, tengo 12 agencias de automóviles de distintas marcas en una zona del país. En los últimos años, nuestros negocios se han visto golpeado por los cambios del mercado. A partir de septiembre 11 todo ha cambiado para esta industria. Mi pregunta es: ¿cómo enfocaría la estrategia comercial ante una caída tan importante de ventas como la que estamos teniendo?

R.: Para construir su estrategia comercial debería conocer más su empresa, pero por lo que sé acerca de su giro y viendo que usted es una persona que ha crecido con 12 agencias, le aconsejo lo siguiente: ante todo debería cambiar la definición de su negocio de agencias automotrices. La venta de automóviles, como usted y yo la conocimos hace pocos años, ha cambiado por completo. El dinero de las agencias no proviene de la concepción del negocio como vendedora de automóviles de varias marcas. Esa estrategia es útil para ampliar la gama de opciones para diversas necesidades de los clientes al crear en su negocio la posibilidad de una economía de escala. La nueva concepción que debe considerar es que su tipo de negocio se ha transformado en un ente financiero que ofrece unidades de cualquier marca. El secreto de la venta está en las cuotas, no en el precio del automóvil. En otra época las agencias obligaban a que el cliente aportara 30% de enganche o no podía comprar. Hoy ese mundo no existe desde hace tiempo (como dice usted, a partir del 11 de septiembre). Si usted se conceptualiza como una financiera que facilita la compra de un auto, su perspectiva podrá cambiar. Tiene más probabilidades de vender que tener sus vendedores esperando que alguien llame o entre en sus agencias. Usted tiene un negocio financiero, no agencias; piense en eso y tome su decisión. ¡Ah, no se olvide que el marketing, no la venta, es el otro concepto que debe incorporar a su negocio!

37. Distribuidora de camiones

P.: Me he dedicado toda la vida a la compra-venta de camiones usados y tengo dos agencias de camiones nuevos para pasajeros y carga. Las ventas y las utilidades han bajado drásticamente porque tenemos que dar muchos descuentos para poder vender. ¿Qué giro tendré que darle a mi negocio?

R.: Como usted bien dice, se ha dedicado a vender camiones toda la vida y con ello ha hecho un capital importante. La verdad es que lo felicito, pero quiero anunciarle que la caída de las ventas y las utilidades no se debe al colapso en el mercado. Sus ventas y utilidades disminuyeron porque su modelo de negocio se gastó. La venta del camión es hoy sólo una pequeña parte del negocio. Hace pocos años, 90% de sus ingresos provenía de la venta de unidades. Hoy seguirá vendiendo camiones, pero tendrá que concebirse como un negocio de servicio en toda su extensión. El servicio tendrá que ser una estrategia en la cual deberá invertir su dinero. Esto siempre fue el patito feo de su empresa y seguramente hasta un mal necesario, pero hoy significa su tabla de salvación. Con la contracción del mercado habrá menos compra de camiones nuevos y más reparación de los usados. La gente buscará reparar, pues la guerra de precios en la venta de camiones nuevos será inevitable. En la venta de los nuevos, el financiamiento puede ser su diferenciador, pero el servicio a clientes con flotillas será su opción, aunque manejado de forma diferente a como lo ha hecho hasta ahora. Para ello, debe crear un negocio especializado; sin embargo, no lo haga en horas libres. Las empresas que cuentan con cientos de camiones de carga tienen su área de taller porque usted, con su actual servicio, no posee lo suficiente para satisfacer sus necesidades, ni es tan bueno ni tan económico, o no cumple con los tiempos. Ahí hay una gran oportunidad para usted si lo ve como una nueva empresa y como un centro de utilidades. Necesita una nueva concepción del servicio que nadie haya ofrecido nunca.

38. Refaccionaria

P.: Hola, señor Mario, tengo un negocio de seis refaccionarías automotrices en varios estados del país. La caída de las ventas de esta industria nos está afectando mucho. ¿Qué podemos hacer?

R.: El negocio de las refaccionarias siempre ha sido un negocio manejado por su fundador y varios empresarios leales que se iniciaron con él. También es un negocio centrado en vendedores que salen a la calle a ofrecer productos, lo cual aunque resulta ncesario, ya no será suficiente. Conozco a pocos que se hayan tecnificado como se debe. En algunos casos es más rápido traer un producto de Estados Unidos que de una refaccionaria local. Primero le pido que considere que su negocio no es de refacciones, sino de logística que vende refacciones. A partir de este principio, su empresa debe tener alta tecnología para manejar eficientemente su inventario y no depender de un señor Fernández que conoce todos los códigos de memoria. Automatice su almacén, ya que es el corazón de sus utilidades. Segundo, tenga sus seis refaccionarias en red para que le permitan tener en tiempo real su inventario. Tercero, en 2009 concentre más su atención en los faltantes que en sus ventas. Los faltantes o *back orders* es la otra parte del corazón de su negocio. Ahí está el posible incremento de sus ventas. Grafique cuántas ventas niega, pospone o promete para la próxima semana. En 2009 ya no habrá próxima semana. Los competidores que resuelvan el problema del cliente hoy, se quedarán con él, ya que el producto es un *commodity* igual en todos lados. Cuarto, usted debe comprender que a partir de 2009 su negocio se llamará *velocidad de respuesta al mercado*. La velocidad de entregas, y aquella con la que resuelve los problemas, son la clave. Quinto, deberá realizar estrategias permanentes de promociones de sus productos. ¡Los clientes ya no son leales a usted, sino a quienes resuelvan sus problemas hoy! Deberá tener una *call center* y un control estricto de su cartera de clientes. Comuníquese con ellos, no los deje. Tecnifique a sus vendedores con *hand held* satelital, que les permita resolver ante los clientes los problemas de tiempos de entrega y cobranza. Defínase pues como dueño de un negocio de logística, no de refacciones, y cambiará su vida.

> P.: Papá, papá, ¿qué es la crisis?
> R.: La crisis es cuando te gustan el champán y las mujeres pero sólo te queda un refresco y tu esposa

39. Distribuidor de productos químicos

P.: Señor Borghino, mi esposa y yo somos representantes de una compañía que produce reactivos químicos para laboratorios de análisis químicos. Tenemos 16 años en el negocio. Hemos crecido mucho, pero ahora los fabricantes quieren vender directamente a los clientes y no aceptan renovarnos la distribución. Nosotros hemos abierto el mercado durante muchos años y ahora nos encontramos con que no tendremos negocio. ¿Qué nos sugiere?

R.: Su caso es muy común en aquellos que representan un producto y crecen con esa distribución por años. El problema es que usted ha desarrollado un negocio centrado en una sola representación, lo cual es muy peligroso. Debe dejar de pensar como comerciante y comenzar a pensar como empresario. Ello significa que tener un barco con un solo remo era un concepto que debía acabarse algún día. Ha de buscar varias representaciones complementarias a las que actualmente tiene; esto le permitirá vender al tipo de clientes que ha desarrollado o a otros canales diferentes de los laboratorios de análisis clínicos, como hospitales y médicos. Primero negocie con su actual proveedor que ha tenido durante muchos años y pida una prórroga por dos años mientras usted va dejándoles el negocio.

Esto le hará ganar tiempo para buscar una nueva distribución. En caso de que le nieguen cualquier tipo de arreglo para permanecer (quizás como director general de ellos), tendrá que buscar inmediatamente la representación de un competidor directo; será entonces un rival y ya no un colaborador. Sin embargo, su solución se encuentra en la diversificación: no caiga en el mismo error.

40. Comercio

P.: Soy jubilado, percibo una pensión de $7 000 mensuales y cuento con un capital de un millón de pesos para iniciar un negocio. Tengo un local comercial de 120 metros cuadrados en una zona donde hay muchos edificios de departamentos, habitados por personas de clase media. Me atrae el sector servicio, como arreglo y reparación de ropa en general. ¿Qué me recomienda hacer para tomar la mejor decisión en esta época de crisis? Saludos.

R.: El capital más grande que usted tiene hoy, más que su dinero, son los cientos de personas que viven en esos edificios, quienes necesitan servicios baratos de todo tipo. Si usted tiene habilidad para arreglar ropa, considere también que esas personas necesitan mantenimiento y pequeñas reparaciones en sus departamentos que usted puede ofrecer. ¡Es un negocio de mantenimiento integral de su departamento a bajo precio! Para ello, deberá diseñar una estrategia para hacer un levantamiento de información, de quienes viven en esos departamentos y promover sus servicios telefónicamente o con un joven fanático de las computadoras que pueda hacer promoción por internet. En cuanto a su local, sin duda éste representa una buena oportunidad, ya sea que establezca un negocio de tintorería, reparación y venta de ropa; también puede rentarlo y obtener así otro ingreso adicional sin trabajar y sin arriesgar su capital. Suerte.

> Un vendedor en crisis pregunta a otro: "¿Cómo van tus ventas?" Contestó: "Muy bien, ya vendí mi refrigerador y mi sala"

41. Negocio de venta de papelería

P.: Tengo un negocio de papelería, artículos escolares y venta de computadoras. Llevo más de nueve años con el negocio, con cinco sucursales en diferentes zonas de la ciudad, otra en Querétaro y otra más en Toluca. Con las grandes tiendas de papelería y la crisis, las ventas han bajado. ¿Habrá alguna forma de mantenerlas en esta crisis?

R.: El negocio de papelería ha madurado tanto durante los últimos 10 años que podría considerarlo un negocio financiero y no uno de ese giro. La rotación del inventario es la clave. En su caso, la crisis y los nuevos negocios dedicados a la venta de papelería requieren abrir puntos de venta todo el tiempo. Debe acercar sus tiendas a las zonas de influencia que considere que tienen el perfil de compra de sus productos. No sólo hay que abrir más tiendas, sino también crear en zonas importantes un departamento de venta directa a las empresas y oficinas. La venta directa necesitará una logística diferente (como bodegas) y un sistema de inventario y entrega que facilite la rápida distribución de sus productos. El secreto de su negocio en el futuro estará en la calle, no en el mostrador.

Consejo: en esta crisis, usted debe cuestionar la naturaleza de su negocio y la forma en que ha estructurado su administración tradicional. Esto le permitirá observar oportunidades para reducir costos, pero principalmente cambiar su estrategia comercial. Deberá diversificarse desde su posición de poder y desde su segmento de mercado. No se debilite en nuevos negocios que desconoce. La diversificación es la clave, con productos altamente competitivos y promociones agresivas, aumentando los puntos de venta y la base de clientes que hoy tiene.

CAPÍTULO 5

Consejos para su economía personal en la crisis

Como siempre sucede, la crisis afectará directamente nuestro bolsillo personal. Aquí se proporcionan consejos inteligentes para un buen control de daños. Se trata, básicamente, de revisar nuestros hábitos de consumo a la luz de la nueva realidad económica. Hay que aprender a pensar con mentalidad millonaria, aunque no seamos precisamente ricos.

El hombre se descubre cuando se mide con un obstáculo.

Antoine de Saint-Exupéry

¿Es usted rico o pobre?

Usted se preguntará para qué sirve definir si uno es rico o pobre. Con sólo ver lo que gasta es suficiente para darnos cuenta de si lo es o no. En esta época de gran incertidumbre y con una recesión por delante es trascendental que usted sepa si es rico o pobre según los principios del dinero. Aquí no se analiza si tiene capacidad para gastar o no, que son dos cosas diferentes que usted necesita tener claras en épocas de crisis y recesión. Hoy más que nunca le sugiero leer mi libro *El arte de hacer dinero* (Grijalbo), en el que profundizo en este tema y que aquí sólo sintetizo para comunicar el mensaje central en relación con la economía personal en tiempos de crisis.

Definamos quién es rico. Rico es la cantidad de días que usted puede vivir sin trabajar manteniendo el nivel de vida que hoy tiene.

> Rico o pobre, usted deberá tener una mentalidad multimillonaria para salir avante en esta época de crisis

Esos días son un indicador del tamaño de su riqueza. A muchas personas en este mundo de consumismo les costaría cuantificarlos, sobre todo al examinar su nivel actual de gastos.

Lamentablemente, la mayoría no podría vivir mucho tiempo sin trabajar, a causa de las deudas; más aún, se aterraría sólo de tener que pensar en ello. La gente que debe mucho y tiene múltiples compromisos, no podría dormir  durante varios días si supiera que perderá su empleo la próxima semana debido a la crisis.

El 80% de las personas no puede vivir más de cinco meses sin trabajar porque los acreedores derribarían sus puertas. Las deudas que tienen no les permiten el lujo de vivir sin trabajar. El 20% restante apenas alcanzará, con el vapor de la gasolina, un año sin tener que trabajar. Pregúntese: si la empresa para la que trabajo redujera personal, ¿cuánto tiempo puedo vivir sin mi salario? Ese tiempo es el tamaño su riqueza.

Como usted comprenderá, su riqueza no tiene relación con el salario que recibe. Usted puede ser de los privilegiados con megasalarios, pues la riqueza está determinada por su capacidad para vivir sin trabajar manteniendo el nivel actual de gastos que tiene con su ingreso mensual.

Vea usted: la gente que piensa como rica vive de su dinero, pero la gente que piensa como pobre vive de su salario. Más aún, la gente rica hace que su dinero trabaje para él, mientras que la gente pobre tiene que trabajar para su dinero.

Para reforzar lo anterior, cabe dar un ejemplo de la vida real: hace algún tiempo conocí a una persona que trabajó toda su vida en hoteles como maletero. Durante más de 30 años se dedicó a esta actividad en muchos hoteles de la ciudad. Su definición acerca del dinero era clara: debía ahorrar para el día que se retirara. Un día compró un terreno en una zona que en aquellos días estaba fuera de la ciudad.

A partir de ese momento, todos sus ahorros los destinó a comprar cemento y varilla para construir locales comerciales y

> Un obstáculo para identificar nuevas ideas en la crisis son nuestras viejas ideas exitosas

rentarlos. Con el tiempo, cuando terminó sus locales comenzó a construir arriba de ellos varios cuartos también para rentar. Cuando tuvo la edad de jubilarse, ya tenía ingresos muy superiores a los que percibía como maletero. Para él, era más redituable ir a cobrar la renta que ir a cobrar su salario. Hoy vive jubilado desde hace más de 15 años sin trabajar, ganando mucho más de lo que ganó toda su vida como asalariado. Según nuestra definición de riqueza, este señor es rico.

Si usted tiene necesidades de $15 000 al mes y puede recibir dicho ingreso por la forma en que invirtió sus ahorros, entonces usted es una persona rica.

En suma, no importa si usted tiene un negocio de jugos o un local con ropa importada de Francia en el más lujoso centro comercial del país; lo único que importa es su capacidad para ahorrar, generar capital e invertir en su futuro para vivir como rico.

La mente de los ricos está centrada en cómo incrementar sus ingresos independientemente de su salario. Si usted es de los que gana un extraordinario salario (suponga que de $100 000 mensuales, pero que gasta $150 000 al mes), entonces es una persona pobre, a pesar del buen ingreso que tiene.

Naturalmente un salario de ese tamaño nunca se podría comparar con los ingresos del maletero. Sin embargo, aun con $100 000 mensuales, si no puede permanecer ni 24 horas sin trabajar, y es esclavo de su empleo porque necesita ese sueldo para mantener su estándar de vida: usted es pobre, lo único que tiene es capacidad de gastar.

En ese orden de ideas, usted es pobre porque:

- No puede dejar de trabajar porque gasta más de lo que gana.

- No tiene capacidad de ahorro.
- No tiene excedentes que pueda invertir en instrumentos financieros que le den una buena rentabilidad futura.

No se confunda: la riqueza y la pobreza no dependen de un súper automóvil, si viaja en camión de pasajeros o si tiene chofer, sino que se relaciona con su capacidad para algún día vivir sin trabajar con ingresos iguales o mejores de los que hoy tiene.

Conclusión. En esta época de crisis, las probabilidades de que pierda un empleo son más altas que en épocas normales. Las probabilidades de que no le incrementen su sueldo son enormes, y seguramente los costos de la vida subirán. Eso significa que su realidad económica debe cambiar y sus hábitos de consumo también; por ello, es necesario que aprenda a invertir sus excedentes y no gastarlos en cosas superfluas que compra sólo porque tiene el dinero para pagarlas. A partir de esta crisis financiera mundial, usted debe utilizar su mente millonaria, como la del maletero, de tal forma que le permita guardar para la época invernal económica.

Consejos para la crisis

Desde luego, algunas personas sentirán la crisis menos que otras, pero todos la viviremos. Como ya se mencionó, nuestros negocios venderán menos, quizá nos quedemos sin empleo o tal vez no consigamos. Es probable que no haya aumentos de sueldo en 2009, pero la inflación será inevitable. Lo más importante es que tomemos medidas preventivas para no caer en gastos inapropiados en caso de emergencia. A continuación encontrará ciertas precauciones y consejos importantes.

Reduzca sus gastos en lo que le sea posible: haga de cuenta que va a pasar temporalmente por una zona desértica, que lleva una cantimplora con agua y que no sabe cuánto tiempo va a durar la caminata. Beba lo menos posible o en el futuro se quejará de su falta de previsión. Benjamin Franklin decía: "Cuida los pequeños gastos; un pequeño agujero hunde un barco".

Comience con su pequeño negocio

Puede parecer extraño este consejo, pero si durante años ha pensado en poner un pequeño negocio (de poca o nula inversión), éste

es el momento. Hoy tiene un trabajo y sin embargo no sabe si ese empleo estará seguro. Empiece ahora, de a poco, con paciencia. Quién sabe si pueda llegar a ganar la mitad de lo que gana en su empleo, pero eso ya sería ganancia. También puede iniciar con una venta de garaje de cosas que no necesita en su casa, en cuyo caso tendrá dinero extra que servirá para pagar alguna deuda. Use internet para vender lo que quiera. ¡Funciona!

> "Algunos ven las cosas como son y se preguntan: ¿Por qué? Yo sueño cosas que nunca han sido y me pregunto: ¿Por qué no?"
> TED KENNEDY

COMIDAS FUERA DE LA CASA

Salir a comer es muy cómodo, principalmente los domingos, pero resulta siempre más costoso que cocinar algo sencillo en casa. Además de ahorrar dinero, usted comerá mucho más sano y vivirá para contar la crisis. No coma fuera alimentos que puede ingerir en casa. ¡Quedarse en casa permite integrar a la familia e invitar amigos!

FOCOS AHORRADORES

En muchos países se ha puesto en práctica el uso de focos ahorradores de luz fría, que consumen hasta 80% menos de energía eléctrica que los comunes. Cambiar todos los focos de la casa bien puede traerle un ahorro sustancial.

HABLE CON SU FAMILIA DEL AHORRO

Ahorre no sólo dinero en efectivo, sino también recursos como agua, energía eléctrica, gasolina del automóvil, teléfono, etcétera.

No es tiempo de derroche, de modo que cada peso ahorrado nos servirá, porque no sabemos cómo estará la situación. Tome muy en serio este tipo de ahorros, porque no se miran al principio, pero al final de mes serán una ganancia. Usted puede usar ese ahorro para pagar tarjetas de crédito.

No cambie auto ni casa

¿Iba a comprar auto nuevo este año? ¡No lo haga!, porque éste no es el tiempo. Dé buen mantenimiento al que tiene o compre uno muy barato, con el que ahorre gasolina. No es momento para presumir un gran auto si no está seguro de que su empresa reducirá personal. Su ego puede esperar.

Compre lo necesario

Sabemos que cambiar el amueblado de la sala o comprar una televisión de plasma nueva son cosas que pueden atraernos mucho, pero no es el tiempo ahora. Endeudarse o deshacerse de su efectivo no es recomendable en estos momentos. Hoy el que tiene dinero en efectivo es el rey; el dinero en efectivo manda en época de crisis.

Analice dónde tiene invertido su dinero

Averigüe la situación de su banco. Si tiene cuentas en uno solo, quizás es hora de pasar un poco a otro banco: busque quién le paga más por su dinero. Visite con cierta frecuencia diversos bancos y pregunte por nuevos instrumentos: puede llevarse buenas sorpresas. Consulte con un asesor de inversiones.

Use el teléfono de su casa

Hoy día muchos nos acostumbramos tanto a los celulares que casi no usamos el teléfono que tenemos en casa. Haga una reunión en su casa con la familia y concientícela de que use el teléfono de casa, pues no hay nada más económico que eso; ahí está para que usted lo use.

> Cuando un paradigma cambia todo vuelve a cero. En esta crisis comience de cero

Compre en supermercados, no en tiendas

Aproveche las ofertas actuales en los supermercados, principalmente en ropa para uso diario que usted no necesita que sea de marca o de una tienda específica, por ejemplo: los tenis son iguales en todas partes, los pantalones también y ni hablar de los calcetines para la escuela.

Compre en *outlets*

En este tipo de negocios hay también muchas ofertas. Es bueno que se dé una vuelta por ahí para comparar precios.

Hospédese en hoteles de bajo costo

Si va de viaje por pocos días, quédese en hoteles de bajo costo, pues son muy buenos, cómodos y tienen todo lo imprescindible.

> Ahorro en todas partes y austeridad personal: fórmula para que la crisis lo agarre confesado

Invierta su dinero

Si le sobra algún dinero, no deje que éste duerma en la chequera. Hoy cualquier banco puede pagar 4 o 5% de interés a plazos relativamente cortos. Puede comenzar con 1 000 pesos; ¡todo suma!

Disminuya lo superfluo

Muchas personas gastan más de 170 pesos en superfluos, como donas, café, cigarros, etc. Usted puede ahorrar en lo superfluo más de 20 000 pesos anuales si se lo propone. ¡No se coma el sueldo!

Compre en farmacias de descuento

Acostúmbrese a comprar medicamentos en farmacias que verdaderamente venden más barato, como las de los supermercados, más que las que dicen ser de ahorro. Haga un análisis comparativo al comprar aspirinas en tres lugares diferentes y se dará cuenta de quién vende más barato.

Televisión satelital

Compare los precios, vea quién le da una programación más barata y cámbiese a esa compañía por lo menos durante 2009.

Vacaciones

Intente tomar vacaciones en el país, pero no vaya al hotel más lujoso; compre paquetes que incluyan todo pero que no tengan letra chiquita. Si puede cancelar vacaciones fuera del país en 2009, será buena decisión.

Seguros

En esta época debe protegerse, por lo cual no cancele su seguro de vida. Antes de asegurar su coche o cualquier otro bien, asegure su vida, sobre todo si tiene dependientes.

Si no tiene seguro de vida, adquiera uno temporal que lo cubra por uno o dos años.

Compre seguros simples que no estén combinados con inversiones que cuestan mucho más.

Haga una lista de sus compras

Nunca más visite un supermercado sin una lista previa y una pequeña calculadora, tampoco vaya a la hora de la comida. Con hambre siempre compra más y más antojos. Enseñe a sus hijos a seleccionar mejores precios; ellos serán muy buenos en eso si los educa desde temprana edad.

Compre un cuaderno

Anote todos los gastos diarios y lleve un control de sus gastos por día. Sólo toma 15 minutos anotar lo que usted gastó en

> En la crisis hay que actuar con cuidado, no con pánico

un día. Durante el fin de semana sume y reste. Usted sólo puede controlar lo que mide. Entonces mida.

Inscríbase a la Condusef

La Condusef es la institución en México que más conoce cómo administrar su economía personal. Solicite la suscripción gratuita de su revista, será una extraordinaria ayuda para administrar su vida económica. La página electrónica es: www.condusef.gob.mx

Maneje sus tarjetas de crédito

No permita que ellas lo manejen a usted. A continuación se enumeran algunos de los grandes consejos para lograrlo:

- Reduzca el número de tarjetas de crédito.
- No deje que su tarjeta llegue al máximo.
- Evite recargos: no pague después de la fecha límite.
- Lleve un control estricto de sus gastos de tarjeta.
- Saque fotocopia de sus tarjetas y tenga a la mano los números telefónicos de reporte de pérdida o robo.
- Revise minuciosamente los cargos que le hacen a su tarjeta.
- Nunca dé por teléfono su número de tarjeta, salvo que sepa con quién habla.
- Defina cuáles tarjetas son imprescindibles y el resto qué-melas.
- Reduzca las deudas de tarjetas haciendo una negociación de pago de deuda y no compre más nada con ella hasta agotar la deuda.
- No financie *nunca* su falta de dinero con su tarjeta pagando el mínimo.

Invierta, no se endeude

Lo invito a que haga una pequeña cuenta: escriba en un papel el monto total de su dinero en el banco y súmele lo que ha invertido en bienes con lo que ha ganado (no debe incluir herencias) y divida la suma total entre los años que lleva trabajando. El resultado será la cantidad de dinero por el que ha trabajado cada año hasta el día de hoy. El resto se lo comió, lo derrochó, se esfumó o se lo fumó.

Si quiere saber de cuánto fue su ingreso al mes en todos estos años, sólo divida el total anual entre 12. Si ya hizo la cuenta, ¿qué le parece el total: mucho o poco? Si le parece muy poco, deberá leer varias veces lo que sigue. Por ejemplo: si todo su capital acumulado es de $100 000 y ha trabajado durante 10 años, significa que usted ha trabajado todos esos años por $10 000 al año, sin importar si su salario anual hoy es de $30 000.

La forma en que usted maneja sus deudas le permitirá identificar si gasta o acumula. Muchas personas no pueden lograr su independencia económica porque han arrastrado enormes deudas durante años. En el mundo de las finanzas hay también deudas buenas y deudas malas, así como hay colesterol bueno y malo en nuestro cuerpo.

Hoy más que nunca debe hacer un análisis del tipo de deudas que ha contraído para saber qué acciones tiene que tomar mañana después de leer este libro. Primero cabe decir que las deudas buenas incrementan sus ingresos y le ayudan a tener más dinero; por el contrario, las deudas malas disminuyen su riqueza y reducen la cantidad de dinero que tiene en su bolsillo día tras día.

Deuda buena (lo enriquece)

La deuda buena no nos mata, al contrario, siempre es bueno tener alguna deuda buena. Por ejemplo: si compra un departamento y pide un crédito para adquirirlo y luego lo renta. Si la renta de ese departamento paga la deuda del banco más los gastos, entonces tiene una deuda buena, pues acumula bienes sin invertir un centavo, el departamento se paga solo y su dinero trabaja para usted y no usted para él. De cualquier manera le recomiendo que no use el dinero que hoy tiene invertido.

Si compra un terreno a crédito y luego lo renta o lo usa como negocio de estacionamiento y los ingresos que obtiene de ello son más altos o iguales que los pagos que debe al banco, entonces adquirió una deuda buena. Los ingresos de esta inversión pagan su deuda y no usted.

El secreto es usar no su dinero, sino el del banco. Toda deuda que pueda servirle para obtener una ganancia adicional se considera deuda buena. Por ejemplo: si usted contrae una deuda para poner un negocio. Sin embargo, dado que corre un riesgo, es necesario buscar asesoría para analizar la viabilidad del negocio y no ponerlo sólo porque su cuñado se lo recomienda.

Si el negocio es exitoso, habrá acumulado riqueza sin haber tocado su dinero. Muchas personas contraen deudas para comprar un taxi y trabajarlo o para tener uno mejor, pues el que tienen requiere mucho mantenimiento; esto será una deuda buena si hace un análisis correcto del costo-beneficio.

Las deudas buenas sirven para que usted se haga de bienes que le darán más dinero que la deuda contraída. Por definición, las deudas buenas incrementan y acumulan su riqueza. Si no tiene este tipo de deudas, su crecimiento financiero será más lento; algunos dicen que no contraen deuda porque es menos riesgoso. Pero no olvide que cero colesterol también es dañino para su salud. Siempre debe tener algo para que su organismo funcione adecuadamente. Lo mismo con las deudas buenas: le ayudarán a incrementar sus ahorros y aumentar sus bienes si hace inversiones inteligentes. Si hace inversiones sin estudiar los riesgos previamente y fracasa, obviamente ya no importará la distinción entre deuda buena y mala. El problema es que uno siempre pagará en la vida las tonterías por tomar decisiones sin buscar consejos de expertos y sin hacer un estudio de viabilidad o un análisis racional de riesgos potenciales. En suma, si usted quiere ser rico, un recurso importante será tener deudas buenas para incrementar sus ingresos.

> Los chinos usan dos símbolos para escribir la palabra crisis. Una representa amenaza y otra representa oportunidad

Deuda mala (lo empobrece)

La deuda mala, por el contrario, se adquiere por comprar productos no esenciales, o sea, todo lo que signifique un exceso innecesario.

Si tiene un automóvil y compra uno nuevo sólo porque es más bonito y tiene suficiente dinero y puede pagarlo, entonces ésa es una deuda mala: está contrayendo una deuda para comprar algo que no era necesario pero que le gustó, aunque pueda pagar esa cuota. En realidad se lo compró para darse un gusto, no para incrementar sus bienes, ya que sólo por comprarlo nuevo perdió 30%

de su dinero al sacarlo de la agencia, dinero que jamás recuperará, en pocas palabras, lo tiró. Pagará mantenimiento, seguro y tenencia más caros. El fisco, la agencia y su ego se lo agradecen, pero no su cuenta bancaria. Un auto nuevo no es un activo que acumula riqueza, sino todo lo contrario: se deprecia. Las deudas malas integran todos los préstamos que pedimos para las próximas fiestas, como la de 15 años de su hija, que luego muchos pagan durante varios años. Otros ejemplos son: la renta de automóviles; cambios frecuentes de muebles y en general todos los artículos que tienen una gran depreciación después de adquirirlos; comprar vacaciones con el paquete "Viaje ahora y pague después"; pensar que pagar durante seis meses sin intereses es una ganga.

También en deudas malas están incluidas nuestras mágicas tarjetas de crédito. Mucha gente, cuando abre su billetera, tiene un acordeón de tarjetas como si eso significara un poder de compra superior. Los fanáticos de las tarjetas de crédito son adictos, como lo son los de la cocaína. Si usted paga el saldo total de su tarjeta cada fin de mes, entonces es un buen financiamiento. Las tarjetas de crédito son un instrumento por el que uno tiene que pagar anualmente para renovarla con el fin de que el banco gane. Increíble, ¿no cree? Cabe preguntar al respecto: ¿por qué la gente no tiene inconveniente en pagar la renovación? A los seres humanos no nos importa mucho pagar para tener el derecho a consumir.

Las deudas malas son producto del impulso emocional o compras sin considerar la consecuencia. Si usted es de las personas emocionales que se dice a sí mismo que compra debido a que se lo merece por lo que trabaja o compra cuando se siente deprimido, entonces, además de necesitar una dosis de caricias y reconocimiento afectivo, será una víctima de las deudas malas.

Si es una persona poco ordenada con el dinero y no tiene control de sus gastos, fácilmente caerá en las deudas malas. Si compra con tarjeta sólo porque está en rebaja y si no la aprovecha ya no va a conseguirla, entonces incurre en una deuda mala. Si compra un automóvil para trabajar, se transformará en una deuda buena, mucho mejor aún si compra un coche del año anterior y no pierde el dinero de la depreciación de uno de agencia. Las personas que piensan como millonarios casi nunca compran un carro del año, aun si pueden comprarlo. Los compradores impulsivos estrenan automóviles sólo por el olor a nuevo. Es una sensación maravillosa que les justifica el sobreprecio. Como observa, las deudas malas son producto de los hábitos de consumo que muchos no pueden contener. Si usted, después de conocer este principio de la deuda mala, continúa con sus hábitos, sólo cabrá recordarle que esas deudas disminuyen su capital, su efectivo, su capacidad de ahorro y de tener excedentes para poder invertir. En suma, las deudas malas son un gasto y lo hacen pobre. Si a pesar de estas aclaraciones continúa en el consumismo excesivo con deudas malas, se le recomienda visitar al terapeuta más cercano.

> El capitalismo sin un fracaso financiero no es capitalismo. Es una especie de socialismo para ricos

Con este capítulo se espera haber dado suficiente información al lector para que defina si quiere tomar el camino de la riqueza o el de la pobreza e incertidumbre financiera. En realidad, la riqueza y la pobreza son producto de su forma de pensar, de sus hábitos de consumo, de sus hábitos de inversión y de su inteligencia para tener deudas buenas y no acumular deudas malas. En consecuencia, su riqueza no depende de lo que gana, sino de cómo invierte. No olvide que para tener deudas malas no se necesita mucha inteligencia; lo que sí requiere es mucho impulso emocional, necesidad de reconocimiento personal y muchas tarjetas de crédito. Para adquirir las deudas buenas necesita definir una estrategia fría y calculada. Después de leer este capítulo sería ideal que pudiera determinar si la dirección de su vida seguirá por el camino de la pobreza o de la riqueza. Es un proceso que surge de su interior, ya que le exige cambiar sus hábitos y su manera de pensar acerca del dinero y la riqueza. Le reitero una vez más: ser rico depende no de sus ingresos, sino de qué significa para usted el dinero y la prioridad que tiene en su vida la estabilidad y la seguridad económicas futuras. A partir de ahí, debe tomar sus decisiones financieras. En este momento de gran incertidumbre financiera es necesario que analice la forma en la que administra lo que gana. Deberá cambiar sus hábitos de consumo y de generación de riqueza; de otra manera, no importarán sus ingresos, sino sus inversiones de excedentes.

¡Alquile a su marido!

Si nada de lo que le dije es una buena solución para su economía personal, usted lectora puede rentar a su marido. En Buenos Aires cualquier persona puede "adquirir un marido por horas". En ese país, a una señora se le ocurrió abrir un nuevo negocio cuando su esposo se quedó sin trabajo por la crisis.

"Marido se alquila" es una empresa exitosa en la que, por $50 la hora, el señor Daniel Alonso se encarga de hacer aquellos trabajos domésticos a las mujeres que no cuentan con un marido habilidoso en casa. La publicidad dice: "¿Cansada de que su marido no haga ningún mantenimiento en casa? Y usted, ¿está harto de que su mujer le reclame que no hace ningún arreglo? Ya no discutan más", dice su página web.

La compañía provee a sus clientes, en su mayoría solteras, divorciadas o viudas, un catálogo de reparaciones eléctricas, electrónicas, carpintería o sanitarios.

El nombre de la empresa ha causado más de una vez malentendidos en alguna de sus "clientas potenciales". Más de una vez alguna mujer llamó en la madrugada diciendo que necesitaba un hombre, a la que tuvo que explicarle que ese tipo de trabajos no los realiza el señor Alonso. Lo más curioso fue cuando un joven que presta sus servicios sexuales le llamó para ofrecerse con el fin de que lo contratara cuando él no se diera abasto con la demanda y añadió que él podría ayudarlo. En su correo dice que un día una mujer dejó su mensaje: "Tengo 56 años y necesito un servicio completo". Historias como éstas, muy curiosas, han surgido desde que Daniel Alonso y su esposa iniciaron su nuevo negocio. Todo surgió porque una vecina siempre le preguntaba: "¿Me prestas a tu marido para unas reparaciones en casa?" Su mujer le dijo un día: "Te lo alquilo", y en ese momento surgió el negocio. Esta compañía ha crecido tanto que sus fundadores han hecho una franquicia que han exportado a varios países de Sudamérica. Nada malo para una idea que nace de un desempleo. Use su creatividad y su vida económica cambiará para siempre.

CAPÍTULO 6

Para reflexionar

En este capítulo final se delibera sobre las oportunidades que la propia crisis abrirá a los países emergentes, entre ellos a México. El TLC y la globalización ya lo habían puesto en una situación semejante, pero se desaprovechó y ganaron la carrera China, Brasil o la India. Nuestros obstáculos siguen siendo el sistema político y los monopolios. Las decisiones no se toman y continuamos dependiendo del vecino del norte, con funestas consecuencias, como las expuestas a lo largo de este libro.

Además se presentan 11 consejos para actuar con una estrategia perfectamente acorde a la globalización, incluso considerando la última reflexión: la posibilidad de que esta crisis haya sido provocada.

El secreto consiste, se concluye, en saber cómo competir en cualquier punto del globo.

> En esta vida hay que morir varias veces para después renacer. Y las crisis, aunque atemorizan, nos sirven para terminar una época e iniciar otra.

¿Dónde estará el crecimiento del mundo?

En México

Durante 2009 y 2010, negocios como escuelas, universidades, educación en general, financieras, empresas de cobranza, productos de marca libre, hospitales, laboratorios de análisis médicos, farmacias, industria de la construcción y compañías de telecomunicación serán sectores con posibilidades de mantenerse con una tendencia positiva en el país.

La oportunidad en países emergentes

El crecimiento más rápido a nivel global en los próximos años se encontrará no en las economías desarrolladas sino en los países emergentes, como India, China, Brasil, Rusia, Sudáfrica y México (si logra definir su camino).

Dichos países ya se han estabilizado y no tienen grandes deudas o desequilibrio. Todos ellos han pasado por crisis severas en los últimos 20 años y por un proceso de ajuste, y tienen la capacidad para crecer más rápido.

> En 2010, sin tanta presión, la competencia será feroz

Durante los últimos 20 años, los países emergentes han trabajado para abatir la pobreza, lo cual increíblemente están logrando, al hacer crecer cada día a la clase media, la que más demanda productos. China e India están aprovechando esa oportunidad.

Hace 12 años, la clase media en México era de 6 millones, hoy somos 17 millones, gente que tiene capacidad de compra. La clase media de esos países dictaminará el crecimiento del mundo. Las preguntas son: ¿quién es el empresario listo que va a satisfacerlos? y ¿quién define una estrategia para esta nueva realidad?

Como empresario, usted debe ir más allá de su regionalismo, de su estado y de su país. Debe dejar de creer que es rey de su colonia o de su ciudad, porque esa forma de pensar es extremadamente peligrosa en un mundo en cambio. Hoy todo mundo compite con los chinos, quienes están en todos los sectores. Nuestras empresas tienen que competir con ese tipo de entorno.

En estas líneas se pide al lector que por favor lea el artículo de la revista *inc.com*, titulado "How China will change your business".* Ahí comprenderá la amenaza que proviene de un país que saldrá fortalecido de esta crisis. Después de leer ese artículo, usted comprenderá que nunca más podrá quedarse con su liderazgo local en Torreón, Coahuila, por ejemplo. El regionalismo terminará por arrasar con su negocio sin importar el tamaño.

México como país debe tomar las medidas necesarias para atender ese mercado de clase media mundial. A partir de 2010, volverá a crecer el mercado interno mexicano y el de los demás países emergentes. Cuando ese momento llegue, usted tiene que estar fortalecido.

* www.inc.com/magazine/20050301/china.html

> Lo que sabemos acerca de las crisis financieras es que no sabemos nada de ellas

El Tratado de Libre Comercio nos hizo ser más dependientes de Estados Unidos y estamos atados de manos a ellos. Debemos diversificarnos y atender el mercado del mundo, o estaremos destinados a crecer al mismo nivel que ese país lo haga; así, no podremos beneficiarnos con las oportunidades que a partir de 2010 existirán en el mundo emergente.

Actualmente, nuestro segundo socio comercial es China. A la velocidad que crecen en nuestro país, los chinos se transformarán en nuestro primer socio comercial en pocos años.

Nuestro tercer socio comercial es Brasil. Tenemos que aprender a ver más horizontes: esta nación sudamericana será el próximo granero del mundo (nosotros somos el cuarto productor de pollo y huevo y no exportamos nada porque no hemos hecho nada para que ello suceda). Brasil es el exportador número uno de huevo y pollo a China. ¿Por qué México no se sube a esa ola? Usted sabe muy bien la respuesta: estamos ocupados y obsesionados en ver si la pechuga o el muslo es más caro o más barato en Estados Unidos porque tenemos libre comercio en el giro avícola. Rezamos a diario para que no nos invadan de pechugaa o muslos más baratos (pensamos limitadamente).

Los ganadores de esta crisis serán empresarios que vean dichas opciones en otros mercados, y que no sigan atados al crecimiento del mercado local o a lo que suceda en el vecino país del norte. Depender sólo de una economía o de un mercado en un mundo tan inestable como el que se vive es muy peligroso para el crecimiento de cualquier empresa. El empresario mexicano no debe perder esta oportunidad de oro.

Ante la crisis, los asiáticos han creado un bloque para desarrollar su mercado interno, ya que el mundo tendrá menos demanda y necesitan crecer internamente a pesar de los problemas económicos. Para ello, están generando condiciones más accesibles entre ellos para fortalecerse como zona, y que los occidentales hagan lo suyo. Los bloques económicos se definen cada día más: Europa, América y Asia.

No olvide que México tiene relación comercial con 14 países latinoamericanos y con otros 44 del resto del orbe (el mundo no es sólo Estados Unidos).

México ha perdido oleadas de desarrollo, de modo que no debe perder la próxima

Hagamos historia: si usted recuerda, crecimos en la época en que México tenía un modelo estabilizador proteccionista, pero el esquema se agotó con los años. El país comenzó luego un periodo de enorme inestabilidad y grandes desbalances, con devaluaciones enormes y un gran déficit público. En promedio tuvimos 8% de déficit del PIB cada año durante la década de los setenta y la mitad de los ochenta. Ahora estamos mejor: tenemos 0% de déficit.

Entramos al GATT y al Tratado de Libre Comercio y confiamos en que las fuerzas de libre mercado acomodarían nuestra competitividad y nos dijeran para qué éramos buenos. Sin embargo, el resto de los países de todo el mundo no tomaron ese camino, sino que definieron qué querían y trabajaron en ello: fueron mucho más *preactivos*.

Necesitamos un modelo de desarrollo

México no ha hecho una introspección como país del modelo de desarrollo que quiere tener. ¿Por qué China nos ganó en las maquilas? Simplemente porque los chinos han construido un país en el

> Esta crisis nos permitirá tener soluciones estructurales verdaderas, en México y Estados Unidos

que son los líderes de la maquila ligera y pequeña. Nadie les gana hoy ni les ganará en los próximos 50 años en ese sector. La razón es muy sencilla: ellos lo escogieron, definieron su visión de país y se pusieron a trabajar al respecto. Asimismo, tampoco nadie le gana a India en el modelo de servicio de valor agregado, ni hoy ni en los próximos 50 años, como tampoco nadie va a ganarle a Brasil en agroindustria.

El problema de México es su indefinición: no hemos definido un nicho para atender.

Todo mundo dice que México tiene una ubicación geográfica envidiable, porque estamos pegados a la economía más grande del mundo; además, tenemos acceso a Europa y Asia y somos la puerta de entrada a Latinoamérica. ¡Mejor, imposible!

Lo anterior permitiría a México, por ejemplo, ser el país de logística y de transporte más importante del mundo al unir al Pacífico con el Atlántico; empero, no hemos hecho nada para serlo. ¿Dónde está la infraestructura para ello? Tenemos una infraestructura portuaria no diseñada para recibir a los grandes buques y pensamos localmente, no en forma global.

Continuamos bajo la influencia de la mentalidad de rancho: atender a clientes locales y no mundiales. Los chinos tienen eso muy claro: le venden a todo el mundo, mientras que nosotros sólo a los mexicanos.

Indudablemente, somos un mercado atractivo, con 100 millones de mexicanos, además 17 millones de familias son de clase media con poder adquisitivo; hay gente. Sin embargo, no hemos definido un modelo de país, tampoco hemos diseñado estrategias internas para atender al mundo. Si seguimos así, nos seguirán pasando por encima las oleadas de oportunidades, como la de la tecnología con el crecimiento de la burbuja del punto com. El país y sus empresas aún se manejan con papeles; hay mucha mano de obra moviendo información. Sólo observemos la cantidad de documentos que se piden en todas partes para cualquier trámite. Si no nos tecnificamos, podrán venir todas las olas de crecimiento que sean. Van a pasarnos por encima sin que las veamos, y seguiremos dependiendo de un solo país: Estados Unidos.

> Cuando estás en un pozo lo primero que debes hacer es dejar de cavar

Si se lo propone, México podrá ser bueno para producir manufactura pesada. Los costos de transporte y nuestra ubicación geográfica representan una buena oportunidad en logística de almacenamiento y en energéticos, pero no la hemos aprovechado.

En suma, tenemos el sistema político perfecto para no tomar decisiones, o para posponerlas permanentemente.

El mito del Norte

El modelo que tenemos nos ha hecho avanzar en un modelo que sólo va de Norte a Sur. Si observamos nuestras carreteras, ir de México a Estados Unidos es relativamente fácil, hay buena infraestructura.

Durante siglos ha sido así, pero si uno quiere cruzar de Oeste a Este, será un caos. Ir del Pacífico hacia el Atlántico es un verdadero problema.

Mientras no entendamos que hay más mundo comercial en infraestructura de Este a Oeste, vamos a continuar retrasándonos ante los cambios que vienen y seguiremos viviendo del Tío Sam. Debemos cruzar el país para unir continentes, no dejar que sólo los panameños lo hagan. Mientras despiertan los estrategas políticos, se exhorta al lector a que piense qué puede hacer en ese sentido con su tipo de negocio.

País de monopolios

Nuestra infraestructura industrial y comercial es de muy poca competencia con el mundo e incluso internamente. Somos un país de claros monopolios o duopolios; de las 72 ramas de actividad que componen el PIB, contamos con los dedos de las manos aquellas en las que existe diversidad de competidores. En la mayoría, siempre habrá una empresa dominante con más de 70 u 80% de la producción nacional. Por ejemplo en trigo está Bimbo, en maíz Maseca, en vidrio Vitro, en cemento Cemex, en telecomunicaciones Televisa y TV Azteca, y en telefonía Telmex. Éstas son las empresas más grandes, las que todo mundo conoce. Estos casi monopolios tienen márgenes de utilidad que nunca logran en otros países, ya que tienen mucha competencia. Todos ellos se financian de México para compensar los reducidos márgenes de utilidad que tienen en otros países, lo cual afecta al consumidor local, quien tiene que pagar sus productos a precio de oro. El consumidor mexicano no tiene muchas opciones cuando compra productos como tortillas, pan, cemento; o al contratar servicios de telecomunicación. Estamos atrapados: se tiene que pagar caro, no hay más.

Cuando ingresamos al libre comercio, los competidores que llegaron del extranjero ayudaron a que los consumidores mexicanos pudieran tener productos a precios razonables y de calidad; empero, no se trabajó en una infraestructura interna competitiva.

México cambió radicalmente cuando se abrió al comercio internacional con el TLC, pero aún no hemos encontrado el modelo adecuado que nos permita avanzar. Una crisis no se puede enfrentar sin definir una estrategia en la que todos trabajemos conjuntamente como país, enfocando nuestras baterías en los tipos de industrias, profesionales e infraestructura adecuados. Necesitamos urgentemente un visionario que dirija las grandes decisiones del país, y subirnos a la ola de desarrollo.

Consejos finales

Por lo pronto, se sugiere al lector construir una empresa con mentalidad global. La clave de su desarrollo será incrementar con urgencia los canales de distribución y la base de clientes de su negocio.

En líneas anteriores se explicó por qué 2009 y 2010 no serán años fáciles. Tome acción de inmediato y considere los siguientes consejos para crecer, sin importar el tipo de negocio en que se encuentre:

1. *Saturación doméstica*. No debe haber zona, región o estado donde no esté bien posicionado. Así ampliará su base de clientes.

2. *Piense globalmente*. Piense en ser proveedor de una empresa exportadora que le permita participar en el mundo de la calidad y la eficiencia.

3. *Innove, innove e innove*. En todos los ámbitos de su empresa diseñe un modelo de innovación destructiva, es decir, un modelo que innove cambiando lo que hacía antes. De otra forma, sólo estará mejorando, lo cual no es suficiente en esta crisis.

4. *Velocidad*. Aumente la velocidad de reacción en todas las áreas de su empresa, sobre todo con sus clientes.

5. *Servicio, una experiencia única*. Diseñe un servicio diferenciador que le dé una imagen única en el mercado; de otra forma, el cliente comprará al primero que se le presente y no regresará con usted. No sólo ponga un *call center*, una

recepcionista bonita o un número 1-800, también construya una experiencia única: ése es el secreto.

6. *Diversifíquese*. Crezca en tipos de productos y busque nuevos canales de distribución más eficaces y con mejores costos.

7. *Retenga a la mejor gente*. Quite de su camión a los que son malos, suba a los buenos, defínales una estrategia y guíelos. La gente es su mejor capital en esta época; por ello, una a su equipo, consolídelo y escúchelo.

8. *Proteja a sus clientes 80/20*. El activo más importante de una empresa son sus clientes: protéjalos, porque un cliente perdido lo recuperará sólo si remata sus precios.

9. *Líder en costos*. No sólo baje sus gastos, también rediseñe su estructura para que sea de costos eficaces. Transfórmese en un líder en costos en su ramo y no haga descuentos ante el cliente, porque ello arrasará con sus utilidades. Su producto debe tener un precio competitivo de origen: ese modelo lo adoptó Walmart con gran éxito.

10. *Revolucione su mercado*. Diseñe una estrategia que revolucione la forma de entregar, vender y producir sus artículos.

11. *Nuevos productos*. Lance nuevos productos con presentaciones más económicas y tamaños más pequeños, piense en atender todos los segmentos, lance a discreción productos de bajo precio y tome por sorpresa al mercado.

¿Habrá sido una crisis hipotecaria o fue una crisis inducida?

Algunos creen que esta crisis no fue causada por los préstamos hipotecarios, sino que más bien se trató de un reordenamiento organizado y necesario porque la economía mundial se estaba desgastando.

¿Cómo se explica una caída del petróleo que no hacía más que crecer todo el tiempo? ¿Cómo se explica la reevaluación del dólar en 48% y que hoy esté por encima de la libra?

> La economía estadounidense se encuentra estancada por una inamovible montaña de deuda. Su prosperidad se ve amenazada y podría traer en picada al resto del mundo junto con ella

Resulta que los estadounidenses, quienes fueron los chicos malos de la película, ahora tienen un dólar más fuerte y un petróleo más barato; los chinos van a tener que pensar muy bien una nueva estrategia para seguir vendiéndoles.

Observemos por un momento el pasado reciente: la bolsa de valores no tenía fin, los índices de ganancias eran impresionantes, cada día los inversionistas querían más; las casas no habían bajado más de 25%, y sólo 6 o 7% de las hipotecas se habían dejado de pagar.

Así, es difícil encontrar razones que expliquen a cabalidad lo que pasó, a menos que pensemos que algún grupo de genios haya considerado que era el momento de reordenar el mundo financiero. De cualquier manera, el camino por el que iba la economía no era nada saludable: un dólar débil, petróleo por las nubes, accionistas ganando lo que no debían, Estados Unidos con un déficit insostenible en su balanza comercial, inflación, endeudamiento nunca visto, y China con una moneda devaluada a propósito, feliz de venderle barato al mundo lo que se le antojaba. Si la tendencia no variaba, hubiese sido la crónica de una muerte anunciada.

Habrá que vigilar de cerca el gabinete de Barack Obama y las decisiones que tome para iniciar la reactivación de la economía de su país. Eso determinará lo que suceda en 2009. Sólo en los próximos años podremos confirmar si existió una manipulación del mundo financiero y si se indujo un reajuste económico. Mientras tanto a trabajar duro y firme en su negocio, no se asuste.

> *Su secreto no estará en **dónde** compite,*
> *sino en **cómo** compite.*

INFORMACIÓN ACERCA DEL AUTOR

Mi empresa tiene más de 30 años de experiencia apoyando a diversas organizaciones en estrategias de negocio y desarrollo ejecutivo en México, Latinoamérica, España, Estados Unidos y Canadá.

Áreas de servicios

1. Conferencias públicas.
2. Conferencias a empresas.
3. Asesorías en alta dirección y estrategias de negocio.
4. Consultoría privada a alta dirección.
5. Cursos con metodología de aprendizaje experiencial.
6. Cursos con proceso "único" de aprendizaje por descubrimiento.
7. Libros, audios y videos.
8. Servicios de consultoría estratégica en línea.

Se atienden necesidades específicas de las organizaciones mediante un método pedagógico activo que está revolucionando el aprendizaje ejecutivo.

Nos hemos alejado del modelo de aprendizaje tradicional, y enseñamos en forma única con metodologías de juegos, modelos de negocio, experiencias interactivas, reflexiones y análisis en grupos, procesos deductivos y laboratorios.

Un equipo con más de 12 consultores experimentados atiende las necesidades de los clientes.

Solicite el lector catálogos de servicios e información sobre nuestra próxima conferencia acerca del tema de este libro al siguiente número telefónico o por correo electrónico:

Borghino Consultores
5534-1925
mario@borghino.com.mx
www.borghino.com.mx

Cómo salir del hoyo
de Mario Borghino
se terminó de imprimir en **Agosto** 2009 en
Comercializadora y Maquiladora Tucef, S.A. de C.V.
Venado N° 104, Col. Los Olivos
C.P. 13210, México, D. F.